질문하는 십대, 대답하는 개혁신학

질문하는 십대, 대답하는 개혁신학

1쇄찍은날 2018년 9월 7일
2쇄찍은날 2019년 11월 1일
지은이 신원균
펴낸이 장상태
펴낸곳 디다스코
　　　　　서울시 서초구 서초동 1355-3 서초월드오피스텔 1605호
전　화 02-6415-6800
팩　스 02- 523-0640
이 메 일 is6800@naver.com

등　록 2007년 4월 19일
신고번호 제2007-000076호

Copyright@디다스코

ISBN 979-11-956561-9-6 (93230)

값은 표지에 있습니다.

질문하는 시리즈 1

| 십대를 위한 조직신학 |

질문하는 십대,
대답하는
개혁신학

신원균 저

디다스코

서문

하나님을 바르게 알고 싶으면 성경을 배워야 합니다. 그러면 성경은 어떻게 배워야 하는가요? 성경은 엄청난 분량과 수많은 이야기와 사건들이 소개되고, 구약과 신약의 주제들이 때로는 서로 충돌하는 것처럼 보이기도 합니다. 이 모든 내용들의 중심이 무엇인지, 어떤 방향으로 나아가는지, 무엇을 적용해야 하는지를 아는 것은 쉬운 일이 아닙니다.

성경은 기독교의 뿌리이며 모든 것입니다. 하지만 성경을 바르게 해석하지 못하면 엄청난 혼란이 일어납니다. 바르지 못한 성경해석 때문에 교회역사 속에 수많은 이단들과 교파와 교단들이 생겨났습니다. 우리 선조들은 이런 혼란을 막고 성경을 바르게 가르치기 위해서 성경의 내용을 핵심적으로 요약한 교리를 작성했고, 이것을 공적으로 교회의 신앙고백으로 세웠습니다.

최초의 공적 신앙고백은 '사도신조', '니케아 신조'이며, 가장 훌륭한 고백은 '웨스트민스터 신앙고백서'입니다. 이 교리서들은 어거스틴과 루터와 칼뱅을 거쳐 한국교회까지 지난 2,000년 동안 지켜온 교회의 신앙고백이며 교리의 핵심이었습니다. 그래서 교회는 교리교육, 신앙고백서 교육과 함께 성장하며 발전해 왔습니다.

하지만 한국교회는 이렇게 소중한 교회의 전통과 뿌리를 잃어버리고 지금은 교리교육과 신조교육을 무시하고, 등한시하고 외면하는 자리에 있습니다. 오히려 교리교육 대신에 온갖 사회적 교양 프로그램과 레크레이션, 캠핑 등의 문화교육으로 바뀌었습니다. 그 결과 우리의 자녀들은 점점 더 기독교에 대해서 무지하고 교회에서 멀어졌습니다.

교리교육은 선택사항이 아닙니다. 장로교회 헌법 '서언'(머리말)에 "성경 소요리문답은 더욱 우리 교회 문답책으로 채용한다."라고 선언했듯이 모든 목회자들과 성도들이 가르치고 배워야 하는 교회의 기초입니다. 교리교육의 성패여부는 교회의 존립으로 이어집니다.

그래서 마르틴 루터(M. Luther)는 자신이 작성한「소요리문답」서문에서 "소요리문답을 모르는 사람을 기독교인이라고 부를 수 없고, 성찬의 상에 받아들여질 수 없다. 이것은 마치 기술자 자신의 직업의 법과 규칙을 모르면 쫓겨나고 무능한 자로 여겨지는 것과도 같다."고 엄중히 경고했습니다.

칼뱅(J. Calvin)은 교리를 가르치는 것을 교회교육의 중심 과제로 보았으며, 그 중요성에 대한 표현은 영국의 한 성주에게 보낸 편지에 잘 드러납니다. "하나님의 교회는 교리교육이 없이 유지될 수 없습니다. 왜냐하면 교리교육은 선한 씨앗이 죽지 않고 새로운 생명으로 다시 자라는 것처럼 신앙을 성장하도록 만들기 때문입니다. 당신은 오랫동안 붕괴되지 않고 튼튼히 서 있는 집을 짓기 원한다면 아이들이 이 교리교육을 통하여 믿음을 가질 수 있도록 신중하게 살피고 돌보십시오."

이 외에도 칼뱅은 제네바에서 소의회에 제출한「제네바 교회의 조직과 예배에 관한 제의서」에서 어린이들의 교육에 관한 교리문답서 사용을 강조하였습니다. "사람들로 하여금 교리의 순수함을 보존하기 위해서 어린 시절의 아이들에게 이를 가르치어 저들로 하여금 믿는 이치를 깨닫게 함이 극히 필요하니, 이와 같이 함으로서 복음적 교리가 쇠퇴하지 아니하고 보존될 것이며 또한 각 사람에게 혹은 대대로 전파 될 것이다."

참으로 다행인 것은 최근에 웨스트민스터 소요리문답이나 하이델베르그 요리문답 배우기 운동이 여러 교회들을 통해서 일어나고 있습니다. 이 요리문답들을 더 잘 배우고 이해하기 위해서는 '7대 교리'를 함께 공부하는 것이 좋습니다. '7대 교리'는 성경, 하나님, 죄, 예수님, 구원, 교회, 종말 등을 말하는 것이고, 이 교리는 모든 교리문답들의 핵심적 내용입니다. 각 교리의 핵심은 몇 가지로 나눠집니다.

첫 번째 교리는 '성경론'입니다. 성경론에서는 성경의 역사, 성경이 기록된 방법, 성경을 읽고 찾는 방법 등이 소개됩니다. 특히 개혁주의적 성경관을 바르게 정립하기 위해서 3가지를 배웁니다. 즉, 오류가 없는 하나님의 말씀으로서 성경의 권위와 성경을 바르게 해석하기 위한 3대 법칙(문법적, 역사적, 교리적 해석)과 십계명을 토대로 한 성경적용 방법을 배웁니다.

두 번째 교리는 '신론'입니다. 신론은 하나님에 대해서 배우는 시간입니다. 하나님은 어떤 분이시며 이름은 무엇인가?, 하나님의 성품은 무엇인가?, 하나님은 무엇 때문에 천지만물과 인간을 창조하셨는가? 하나님의 작정과 섭리가 무엇인가? 등등의 내용들을 소개합니다. 여기서는 삼위일체 하나님의 존재와 하나님의 절대주권과 통치와 다스림을 배웁니다.

세 번째 교리는 '인간론' 혹은 '죄론'입니다. 하나님께서 인간을 창조하시고 언약을 맺어 주신 것과 인간이 하나님과의 약속을 배신하고 범죄한 것과 그 결과 인간은 하나님과의 관계를 잃어버리고 정죄 받아 사망과 형벌에 이르게 된 인간의 죄와 비참함을 배웁니다. 특별히 죄의 정의와 종류, 원죄의 성격이 무엇인지를 소개합니다.

네 번째 교리는 '기독론'입니다. 이 교리는 하나님의 아들 예수 그리스도에 관한 것을 소개합니다. 예수님은 영원히 죽을 수밖에 없는 인간을 구원하기 위해 이 땅에 인간의 몸으로 오신 성자 하나님이십니다. 예수님은 인간의 죄 값을 대신 치루기 위해 고난 받으시고 십자가 달려 죽으셨으며, 부활하여 승천하셨습니다. 특별히 예수님은 신성과 인성을 가지신 이성일인격의 존재이시며, 선지자와 제사장과 왕의 일을 하신 것에 대해서 배웁니다.

다섯 번째 교리는 '구원론'입니다. 죄인 된 인간이 예수님을 어떻게 믿을 수 있는지를 가르칩니다. 인간의 힘으로는 불가능하며 성령 하나님께서 전적인 은혜와 능력으로 우리를 거듭나게 해 주셔야 가능합니다. 그래서 이 교리를 '성령론'이라고 부릅니다. 성령 하나님께서 인간의 구원을 위해서 행하시는 은혜를 9가지로 나눠서 배웁니다. 즉, 9가지 은혜는 '소명→중생→회개→신앙→칭의→양자→성화→견인→영화'입니다.

여섯 번째 교리는 '교회론'입니다. 교회는 건물이 아니라 하나님의 택함 받은 백성들이며, 그 백성들은 반드시 신앙고백을 통하여 보이는 교회조직을 만들어 하나님을 예배하며 다스림을 받습니다. 이 교리는 교회의 정의와 역할을 가르칩니다. 예배와 관련해서는 주일성수와 기도, 찬송, 설교, 세례, 성만찬 등에 대해서 배우며, 장로교회의 질서와 특징에 대해서는 당회, 노회, 총회, 공동의회를 배웁니다.

일곱 번째 교리는 '종말론'입니다. 이 교리는 장차 일어날 예수님의 재림과 최후심판과 관련된 미래의 일들을 소개합니다. 종말은 크게 두 가지로 나눠집니다. 우선 인간 개인의 죽음의 의미와 죽은 후 즉시 천국과 지옥으로 나눠지는 종말의 모습을 배웁니다. 다음으로는 우주적이고 세계적인 종말, 즉 예수님의 지상 재림과, 인간의 육체 부활, 최후심판, 영원한 천국과 지옥의 구별 등을 배웁니다. 종말론의 교리는 이 땅에서 성도들이 무엇을 위하여, 어떻게 살아가야 하는 지를 가르치는 소중한 말씀입니다.

이와 같이 가장 완성된 교리교육은 7개의 교리를 정확하게 이해하는 데 있습니다. 이 7개의 교리를 배우는 학문을 '조직신학'이라고 합니다. 조직신학은 성경에 흩어진 하나님의 진리들을 조직화하고 체계 있게 서술해 놓은 것입니다. 이 지식을 소유하면 구원의 은총과 거룩한 삶과 하나님을 영화롭게 하는 법을 배울 수 있습니다. 이 책을 공부한다면 많은 십대들이 성경을 더욱 가까이 하며 하나님을 사랑하여 이전보다 훨씬 즐겁게 교회생활을 하게 될 것입니다.

이 책은 앞서 출판했던 「청소년 조직신학 입문」의 증보판입니다. 증보판에서는 성경론과 신론(하나님)에 대한 부분이 더 세밀하게 확대됐습니다. 이 두 교리는 장로교회의 전체 조직신학을 떠받치는 기둥이기도 합니다. 특히 성경론에서는 해석과 적용을 확대하여 어려서부터 성경을 바르게 해석하는 것과 적용하는 법을 배울 수 있도록 했습니다.

마지막으로 이 책을 출판하기까지 협력해 주신 분들에게 감사를 드립니다. 먼저 항상 함께 해준 한마음개혁교회 성도들에게 감사를 드립니다. 또한 출판의 모든 과정을 담당해 주신 디다스코의 장상태 목사님께 깊은 감사를 드립니다. 교리교육과 관련된 책을 출판하는 것은 한국교회의 미래가 달린 막중한 일입니다. 가볍고 재미있는 책들을 마다하고 교리와 관련된 책들을 사명감으로 출판하시는 장상태 목사님의 출판사역에 하나님의 위로와 도우심이 있기를 소망합니다.

한국교회가 교리교육에
눈 뜨기를 간절히 소망하는 신원균 목사 2018. 5. 5.
[청소년 조직신학 개정증보판을 내면서……]

목차

저자 서문 _4

첫 번째 교리 성경론
성경은 어떤 책인가요?

Q1 왜 많은 사람들이 성경을 보나요? _17
Q2 성경을 하나님이 직접 쓰셨나요? _24
Q3 성경은 왜 오류가 없는 하나님의 말씀입니까? _32
Q4 하나님은 왜 직접 말씀하지 않고, 오래된 책을 주셨나요? _34
Q5 성경은 일반 책과 어떤 차이가 있나요? _38
Q6 성경은 어떻게 읽고 해석하나요? _42
Q7 어떻게 성경을 나에게 적용하나요? _51

두 번째 교리 신론
하나님은 누구신가요?

Q1 하나님이 정말 계신가요? _71
Q2 하나님은 어떤 이름들을 가지고 있나요? _73
Q3 하나님은 어떤 성품을 가지고 있나요? _77
Q4 하나님은 세 분인가요? 한 분인가요? _94
Q5 하나님은 어떤 일을 하시나요? _105

세 번째 교리 인간론(죄)
인간이란 무엇인가요?

Q1 하나님의 형상이란 무슨 말인가요? _119
Q2 사람의 기원은 창조론과 진화론 중 어느 것이 옳은가요? _121
Q3 인간은 어떤 구조로 만들어졌나요? _125
Q4 왜 인간은 죄인입니까? _127
Q5 이 죄인을 하나님은 어떻게 하시나요? _135

네 번째 교리 **기독론**
예수님은 누구신가요?

Q1 예수님은 누구신가요? _143
Q2 '예수 그리스도'라는 이름의 뜻은 무엇인가요? _145
Q3 그 외에 다른 호칭들은 어떤 것들이 있나요? _146
Q4 예수님은 신인가요? 아니면 인간인가요? _149
Q5 예수님은 어떤 모습으로 오셨습니까? _156
Q6 그리스도는 우리의 구원을 위해 어떤 일을 하셨나요? _166

다섯 번째 교리 **구원론(성령론)**
예수님을 어떻게 만날 수 있나요?

Q1 예수님을 만나는 방법은 무엇인가요? _175
Q2 구원에 이르는 길은 무엇인가요? _179

여섯 번째 교리 **교회론**
교회에서 예배는 어떻게 드리나요?

Q1 교회란 무엇인가요? _205

Q2 예배는 어떻게 드리나요? _207

Q3 교회조직에는 무엇이 있나요? _215

Q4 교회회원이 되기 위해서는 무엇을 준비해야 하나요? _217

일곱 번째 교리 **종말론**
세상의 종말이 정말 오나요?

Q1 죽는 것이 무서워요! _227

Q2 최후심판의 날은 언제인가요? _229

Q3 사람이 정말 죽은 후에 다시 살아 날 수 있나요? _231

Q4 천국과 지옥은 어떤 모습인가요? _234

부록 교회용어설명 _239

첫 번째 교리 **성경론**
성경은 어떤 책인가요?

Q1 왜 많은 사람들이 성경을 보나요?

1. 성경은 가장 오랫동안 사랑받은 책입니다

성경은 가장 오랜 세월 동안, 그리고 가장 많은 사람들에게 사랑을 받아온 책입니다. 사람들은 왜 이렇게 성경을 많이 볼까요? 성경에 무슨 내용이 담겨 있기에 사람들은 그토록 성경을 열심히 읽나요? 성경이 돈을 버는 방법을 가르쳐 주기 때문일까요? 아니면 성공하는 비결을 알려주기 때문인가요? 도대체 성경은 무슨 책인가요? 성경 안에는 무슨 내용이 담겨 있나요?

성경은 영어 단어와 수학 공식을 외우는 것보다 더 중요한 책입니다. 왜냐하면 성경을 읽지 않고 모르면 살아계시며 전능하신 하나님을 알지 못하고, 곤경에 처한 인간의 죽음과 비참의 문제를 해결하지 못하며, 인생을 어떻게 살아야 하는지 깨달을 수 없기 때문입니다.

최선을 다해서 성경을 읽고 배우면 "또 네가 어려서부터 성경을 알았나니 성경은 능히 너로 하여금 그리스도 예수 안에 있는 믿음으로 말미암아 구원에 이르는 지혜가 있게 하느니라."(딤후 3:15)는 말씀처럼 하나님을 알게 됩니다. 성경은 하나님의 세계, 우주의 시작과 끝, 사람의 타락과 형벌, 속죄와 구원, 천국 등 복된 삶과 저주의 삶에 대하여 하나님께서 사람들에게 주신 하나님의 말씀입니다.

성경은 여러 책들 중의 하나가 아니며, 단순히 인간이 만든 책이 아니라 하나님께서 인간에게 죄에서 구원받아 하나님과 교제하는 방법을 가르치는 유일한 신적 계시의 책입니다. 즉, 성경은 신앙생활에 대해서 가르치는 유일한 규칙이며 기준입니다. 성경을 통하지 않고는 절대로 하나님을 알 수도, 배울 수도 없습니다. 여기에 관하여 웨스트민스터 소요리문답은 이렇게 말합니다.

> "제2문: 하나님을 영화롭게 하고 즐거워하도록 하나님이 우리에게 주신 규칙은 무엇입니까? 답: 하나님을 영화롭게 하고 즐거워하도록 가르치는 유일한 규칙은 신약과 구약 성경에 기록된 하나님의 말씀입니다."

2. 성경을 없애기 위한 사악한 공격들이 줄기차게 있었습니다

성경은 하나님께서 인간의 언어와 손길을 통해서 자신의 뜻과 마음을 알려 주신 계시의 책입니다. 그래서 성경은 지난 수천 년 동안 없어지지 않고 지금까지 우리 곁에 남아 있습니다. 수많은 전쟁과 자연재해 속에서도 파괴되거나 없어지지 않고 하나님의 특별한 돌보심과 보호하심으로 보존 되었습니다.

인쇄술이 발견되지 않았을 때 아주 소수의 귀한 사역자들은 성경을 후대에 전수하기 위해 필사적으로 원본을 손으로 옮겨 적어 성경을 지키고 보급하였습니다. 그들은 기록하면서 여호와의 이름이 나올 때마다 엎드려 경배를 할 만큼 성경에 대한 신앙은 지극했습니다.

반면에 사악한 세력들은 성경을 없애기 위해 악랄한 방식으로 공격했습니다. 그러나 그들의 모든 시도는 실패했습니다. A.D. 303년 로마 황제 디오클레티안은 기독교인들의 예배를 금지하고 성경을 파괴하라는 명령을 발표했습니다. 그러나 25년 후, 기독교를 공인한 콘스탄틴은 이 칙령을 취소하고 오히려 정부의 돈으로 성경을 구입할 것을 명령했습니다. 1778년에 죽은 프랑스의 저명한 작가인 볼테르는 향후 100년 이내에 기독교가 역사에서 사라질 것이라고 호언장담했습니다. 그러나 50년도 채 안 되어 제네바성서공회는 볼테르의 집을 성경을 만들어내는 인쇄소로 사용하게 되었습니다.

현대에 와서도 성경을 비판하는 비평학자들의 공격이 줄기차게 일어났습니다. 이들의 공격은 학자들에 의해 시도된 것으로 매우 지능적이고 교묘한 것이어서 많은 후유증을 낳았습니다. 그들은 일명 '고등비평'이라는 무기를 가지고 성경의 완전성을 파괴하기 위해 성경의 단어 하나하나까지 조사하며 성경의 권위에 도전했습니다. 이에 많은 지식인과 비평가들이 동조하여 한때 성경은 조작된 것이며, 고대 근동지방의 여러 가지 소설과 비슷하다고 비판했습니다.

예를 들어 모세오경은 모세시대에 존재하지 않았거나 사용되지 않았기 때문에 모세에 의해 기록될 수 없다고 주장했습니다. 즉, 모세오경은 고대 근동의 여러 문서들의 모음이라고 주장하기도 했습니다. 또한 헷(Hittites) 족속의 기록은 구약 이외 다른 기록이 없기 때문에 그 부족은 실제로 존재하지 않았다고 주장했습니다. 그것들은 인위적으로 만든 일종의 신화라고 하였습니다. 그러나 고고학 조사결과 성경의 증거들은 더 명확해졌고, 특히 헷 족속이 일구어 낸 1,200년 이상의 문명의 흔적들이 발견되어 그들의 주장이 거짓임이 드러났습니다. 이렇게 성경은 모든 사악한 공격에도 불구하고 한 점도 훼손됨 없이 살아남았습니다.

"성경의 본문을 의심하는 사람은 모든 고전적인 문헌들을 다 불확실한 것으로 여겨야 한다. 왜냐하면 그 어떤 문서도 성경만큼 철저히 검증을 받은 문서가 없기 때문이다."(몽고메리)

"천지는 없어질지라도 내 말은 없어지지 아니하리라."(마 13:31)

3. 성경은 원본이 없다고요?

하나님은 우리를 사랑하셔서 자신에 대해서 많은 내용을 알려 주시려고 하셨습니다. 하나님은 어떤 분이신지, 하나님은 어떻게 세계와 인간을 창조하셨는지, 어떻게 하나님을 만날 수 있는지 등 많은 말씀을 전달해 주십니다. 우리가 하나님에 대해서 궁금해 하는 부분을 가르처 주기 위해서 하나님은 오랜 세월 동안 수많은 제자들을 통해서 기록으로 남겨 주셨습니다. 이 많은 내용을 담아주시다 보니 성경은 아주 두꺼워졌습니다.

이 소중한 성경과 관련하여 놀라운 사실이 하나 있는데, 그것은 최초의 성경원본이 사라지고 없어진 사건입니다. 언제, 어디서, 누구에 의해서 처음 원본이 사라졌는지는 알 수 없습니다. 하지만 걱정할 필요가 없습니다. 원본을 옮겨 적은 수많은 사본들과 번역본들이 남아있기 때문입니다.

성경원본이 사라진 사건에도 신기한 하나님의 뜻과 계획이 담겨 있습니다. 만약 이 원본이 어딘가에 남아 있다면 이것을 소유하기 위해서 엄청난 탐험가들이 나섰을 것이며, 발견한 이후에도 어마어마한 돈이 지불되어 아무도 볼 수 없는 개인 창고나 박물관에 보관되었겠죠.

그렇게 되었더라면 전세계의 많은 사람들은 성경을 구경도 못하고 읽거나 배울 수도 없었을 것입니다. 그래서 하나님은 원본을 주신 다음 아무도 혼자서 독점하지 못하도록 원본을 없애시고 대신 수많은 사본들을 남겨서 전세계 모든 사람들이 성경을 읽을 수 있도록 배려해 주셨습니다.

4. 성경 전체는 어떻게 만들어졌나요?

성경은 1권이지만 그 안을 들여다보면 수많은 작은 책들이 모여 있습니다. 구약은 39권이며, 신약 27권으로 전체가 66권 구성되어 있습니다. 외우기 쉽게 3X9=27라고 이해하셔도 됩니다. 구약 39권은 929장이며 23,214절입니다. 그리고 신약 27권은 260장이며 7,959절입니다. 하루에 3장씩, 일요일(주일)에 5장 읽으면 1년에 1독을 할 수 있습니다.

구약은 히브리어, 아람어, 신약은 헬라어로 기록되었습니다. 그리고 기록한 기간은 기원전(B.C.) 1,450년-기원후(A.D.) 95년 정도까지 약 1,600년 동안 40여명의 저자들에 의해 기록되었습니다. 각각의 성경을 이해하기 쉽게 나눠서 볼 수도 있습니다.

[구약성경 분류]

모세5경(율법서): (창), 출애굽기(출), 레위기(레), 민수기(민), 신명기(신)

역사서: 여호수아(수), 사사기(삿), 룻기(룻), 사무엘상(삼상), 사무엘하(삼하), 열왕기상(왕상), 열왕기하(왕하), 역대상(대상), 역대하(대하), 에스라(스), 느헤미야(느), 에스더(에)

시(時)가서: 욥기(욥), 시편(시), 잠언(잠), 전도서(전), 아가(아)

대(大)선지서: 이사야(사), 예레미야(렘), 예레미야애가(애), 에스겔(겔), 다니엘(단)

소(小)선지서: 호세아(호), 요엘(욜), 아모스(암), 오바댜(옵), 요나(욘), 미가(미), 나훔(나), 하박국(합), 스바냐(습), 학개(학), 스가랴(슥), 말라기(말)

[신약성경의 분류]

4복음서: 마태복음(마), 마가복음(막), 누가복음(눅), 요한복음(요),

역사서: 사도행전(행)

바울서신서: 로마서(롬), 고린도전서(고전), 고린도후서(고후), 갈라디아서(갈), 에베소서(엡), 빌립보서(빌), 골로새서(골), 데살로니가전서(살전), 데살로니가후서(살후), 디모데전서(딤전), 디모데후서(딤후), 디도서(딛), 빌레몬서(몬), 히브리서(히)

공동서신서: 야고보서(약), 베드로전서(벧전), 베드로후서(벧후), 요한1서(요일), 요한2서(요이), 요한3서(요삼), 유다서(유)

예언서: 요한계시록(계)

※ 괄호 안은 약자입니다. 약자를 외워두면 찾기 편합니다.

5. 성경의 각 책은 어떻게 찾나요?

주보에 기록을 하거나 성경공부를 할 때, 대부분 성경책의 이름을 그대로 적지 않고 약자로 써넣습니다. 책명, 장, 절 순으로 기록을 합니다. 약자를 아시면 도움이 되니 꼭 외우시기 바랍니다.

"구약: 창, 출, 레, 민, 신, 수, 삿, 룻, 삼상, 삼하, 왕상, 왕하, 대상, 대하, 스, 느, 에, 욥, 시, 잠, 전, 아, 사, 렘, 애, 겔, 단, 호, 욜, 암,

옵, 욘, 미, 나, 합, 습, 학, 슥, 말."

"신약: 마, 막, 눅, 요, 행, 롬, 고전, 고후, 갈, 엡, 빌, 골, 살전, 살후, 딤전, 딤후, 딛, 몬, 히, 약, 벧전, 벧후, 요일, 요이, 요삼, 유, 계."

창 1:1 –〉 창세기 1장 1절

사 20:3 –〉 이사야 20장 3절

왕하 23:12 –〉 열왕기하 23장 12절

눅 12:9 –〉 누가복음 12장 9절

살후 2:8 –〉 데살로니가후서 2장 8절

계 18:7 –〉 요한계시록 18장 7절

Q2 성경을 하나님이 직접 쓰셨나요?

1. 성경은 사본만 있다고요?

성경의 원본은 앞에서 말한 것처럼 한 권입니다. 이 안에 각각의 제목

이 있는 66권의 책이 있습니다. 66권은 구약 39권과 신약 27권으로 나누어집니다. 이 성경은 약 1,600년이라는 긴 세월에 걸쳐 약 40명 이상의 다양한 사람들에 의해 기록되었습니다.

모세 5경이라는 다섯 권은 모세가 기록했습니다. 그 중에 십계명은 시내산에서 하나님께서 직접 기록해 주시기도 했습니다. 그리고 구약의 유명한 이스라엘의 왕인 다윗은 시편의 많은 부분을 기록하기도 했고, 신약은 베드로, 요한, 마태 등 12제자들과 바울, 마가, 누가 등이 기록했습니다. 하나님께서는 다양한 사람들을 사용해서 하나님의 뜻을 담은 성경을 기록하게 하셨습니다. 이 66권을 처음 기록한 원본은 지금 없습니다. 지금은 사본만 있습니다.

사본은 성경원본을 손으로 베껴 쓴 것을 말합니다. 인쇄술이 발달하지 못한 예전에는 점토, 가죽, 천, 나무껍질 등에다 모두 손으로 베껴 썼습니다. 성경은 많은 사본들을 가지고 있는데, 그 중에서도 1947년 사해 근방에서 발견된 사해사본이 가장 오래된 성경(구약)사본(B.C. 1세기-A.D. 1세기)으로 인정되고 있고 신약과 더불어 2,300여개의 사본들이 존재합니다. 사본이 이처럼 많기 때문에 원본이 없어도 원본의 내용을 사본을 통해서 충분히 알아낼 수 있습니다.

번역본은 사본 중에 하나를 택하거나 아니면 여러 사본들을 참고해서 자신의 나라말로 번역한 성경을 말합니다. 영어성경은 KJV, NIV 성경이 유명하고 우리말 성경은 개역한글, 개역개정, 현대인의 성경 등이 유명합니다. 이 중에서 현대인의 성경이 가장 쉽게 번역되어 있기 때문에 새신자들이나 학생들은 이것을 사용하면 좋습니다. 많이 읽고 난 후 신앙이 성장하면 어려운 번역 성경으로 한 걸음씩 나가면 됩니다.

성경은 인류 역사 속에서 가장 많은 언어로 번역된 최고의 책입니다. 지금까지 세계 6,500개 언어 중 약 2,200개 언어로 번역되었고, 이런 추세로 번역되어진다면 2,022년까지는 거의 모든 언어그룹에게 성경이 전달될 것으로 예상합니다.

2. 성경을 왜 영감된 책이라고 부르나요?

왜 교회에서 성경을 영감된 책이라고 부르는가요? '영감님'하고 관련이 있나요? 아니요. 우리가 할아버지를 높여서 '영감님'이라고 부르는 것과 교회에서 '영감'이라고 부르는 것은 완전히 다른 것입니다. 교회에서 '영감'(靈感, inspiration) 이라고 부르는 표현은 "모든 성경은 하나님의 감동으로 된 것으로 교훈과 책망과 바르게 함과 의로 교육하기에 유익하니"(딤후 3:16)라는 말씀처럼 하나님께서 기록해 주신 것이라는 의미입니다.

비록 40여명의 사람들이 성경을 기록했지만 성경은 기록적인 측면에서 세상의 책들과는 확연히 다른 차원에 속합니다. 왜냐하면 하나님께서 이 사람들을 사용하셔서 자신이 직접 성경의 내용과 뜻을 전달해 주셨기 때문입니다. 성경을 기록한 인간 저자들은 서로에 대해 아는 바도 없고 성경을 기록하기 위해 서로 의견을 나눈 적도 없습니다. 그리고 각자의 직업도 다양할 뿐만 아니라 지식수준도 천차만별이었습니다.

그럼에도 성경 속에는 일관된 하나의 주제가 흐르고 있습니다. 그것은 창조와 구원, 즉 하나님을 영화롭게 하는 것과 예수 그리스도를 통한 구원의 약속과 성취에 관한 것입니다. 물론 기록된 언어는 한 가지가 아니라 3가지였고 서로 다른 문학적인 형태로 표현하였지만 어떻게 수백 가지의 주제를 다루면서 완벽하게 조화를 이룰 수 있는 것인지 참으로 신비한 일이 아닐 수 없습니다.

어떻게 이런 일이 가능한 것입니까? 그것은 바로 성경은 하나님의 감동으로 쓰인 것이기 때문입니다. 비록 인간 저자들은 각자 고유한 특성과 자질을 가졌지만 한 분 하나님의 특별하신 인도함(영감)에 의해 성경이 기록되었다는 것입니다. 이처럼 영적인 감동을 가리켜 '성경의 영감성'이라고 말합니다. 그러므로 우리는 성경을 단순히 위인전을 읽고 이야기하는 식으로 이해해서는 안 됩니다. 성경은 단순히 인간의 상상력이나 능력에 의해 창작되어진 것이 아닙니다. 성경은 인간의 이야기가 아니라 하나님의 능력에 의해, 영감(감동) 받은 인간 저자들에 의해 만들어진 하나님의 이야기이고, 하늘나라의 이야기이며 하나님 말씀의 기록인 것입니다.

3.　영감의 종류는 몇 가지인가요?

성경을 비판하는 많은 사람들이 등장하면서 성경의 신적 영감을 공격하기 시작했습니다. 처음에는 성경을 인간이 기록한 책이기 때문에 하나님의 영감된 책이 아니라고 공격했습니다. 그러나 나중에는 신적 영감을 부분적으로 인정하면서도 영감론 전체를 비판하는 사람들이 생겼습니다. 영감론 전체를 비판하는 것이나, 아니면 부분적으로 비판하는 것이나 결국은 성경의 신적 영감을 인정하지 않으려는 태도이기 때문에 주의해야 합니다.

성경 영감의 성격 및 범위에 대해 비판하는 다양한 주장들은 크게 3가지로 나눠집니다. 3가지 보다 더 다양한 형태도 있지만 가장 핵심적인 형태들은 다양한 논쟁과 연구를 통해서 결국 3가지로 정리로 됐습니다. 이 3가지 영감론 내용은 '유기적 영감', '축자영감', '완전영감'이며, 줄여서 '유기적 축자 완전영감'이라고 합니다. 이 3가지 형태는 나중에 성경해석과 연결되기 때문에 꼭 기억해야 할 영감의 종류들입니다.

첫째는 '유기적 영감설'입니다. '유기적'(organic)이라는 말은 '기계적'(mechanical)이지 않다는 말입니다. 즉, 하나님은 인간이 성경을 기록할 때 억지로나 무의식적으로 참여하게 한 것이 아니라 인간의 생각과 판단과 생활 등 다양한 삶의 모습을 조화롭게 사용하여 참여하도록 했습니다.

영감론을 반대하는 사람들 중에 기계적인 영감을 주장하는 자들이 있었습니다. 이들은 인간 저자들이 성경을 기록할 때 아무런 생각도 하지 못하고 단지 기계처럼 받아 쓴 것으로 영감론을 이해했습니다. 이렇게 되면 창세기부터 요한계시록까지 각각의 성경은 아무런 구별이나 특징도 없이 모두 똑같은 형태로 기록되어야 합니다.

하지만 각각의 성경은 매우 다양한 형태로 기록됐습니다. 어떤 것은 역사책처럼 자세한 기록이 특징이며, 어떤 것은 법률조항처럼 간단명료하며, 어떤 것은 시(詩)처럼 과장과 비유와 은유들이 있고, 어떤 것은 상징적인 특징이 있습니다. 그렇기 때문에 모든 성경들이 기계적으로 기록된 것처럼 생각하여 각각의 구별된 특징을 살피지 않고 똑같은 형태로 읽고 해석하면 안 됩니다.

성경의 기록자들은 로봇이나 기계가 아닙니다. 하나님께서 성경의 기록자들을 사용하실 때 인간의 삶을 다양하게 이용하셨습니다. 하나님의 역사는 마치 기록자가 무의식 중에 펜을 휘두르듯 기계적인 방법으로 일어난 것이 아니라, 기록자들의 내면과 조화되는 방법으로 그들에게 작용했습니다. 즉, 하나님은 그들을 있는 그대로, 그들의 성격과 기질, 기호와 특성들, 재능과 은사, 그들의 교육수준과 문화적 배경을 살피고 심지어 그들이 사용하는 단어나 문체, 스타일 등도 함께 사용했습니다. 따라서 성경을 읽고 배울 때는 이 모든 것을 잘 고려하면서 해석해야 합니다.

둘째는 '축자영감설'(verbal)입니다. '축자영감'이란 성경의 단어 한 글자 한 글자 모두 오류 없이 사용되었다는 뜻입니다. '축자'는 '글자'라는 뜻이기에 성경의 모든 단어와 글자는 틀린 단어와 글자 없이 정확하게 기록됐다고 고백하는 것입니다.

신적 영감을 부정하는 자들 중에 성경의 사상과 의미는 영감 됐다고 말하면서도 성경의 글자와 단어들은 인간이 사용하고 선택한 것이기 때문에 오류가 있다고 주장하기 시작했습니다. 이 말은 아주 그럴듯하게 들리지만 매우 위험한 주장입니다. 어떤 사상과 내용과 의미는 인간이 사용하는 단어와 글자를 통해서 전달되기 때문에 한 글자와 한 단어가 틀리거나 잘못 기록되면 전체 내용과 의미가 달라질 수 있습니다.

성경이 가르치는 내용과 중요한 의미들은 오류가 없는 정확한 단어와 글자를 통해서 전달되는 것입니다. 만약 글자와 단어에 오류가 발생하면 성경을 읽는 사람은 각자 다 다르게 그 문장을 읽게 되고, 그 결과 모두 다르게 내용을 이해하고 해석하게 될 위험이 있습니다. 틀린 글자와 문장은 잘못된 내용을 전달할 수밖에 없습니다. 글자(축자)와 사상(의미)는 함께 오류가 없거나 함께 오류가 발생하는 것입니다. 성경은 둘 다 오류가 없이 기록된 하나님의 말씀입니다.

셋째는 '완전영감설'입니다. '완전영감'(plenary)이란 말은 '부분적'이란 말의 반대말입니다. 성경은 창세기부터 요한계시록 마지막까지 모두 영감된 것이지 어떤 부분만 영감된 것이 아닙니다.

성경은 매우 다양한 이야기들이 담겨 있습니다. 인간의 운명을 결정하는 예정에 대한 이야기도 있고, 무서운 전쟁 이야기도 있고, 때로는 서로를 미워하는 이야기도 있고, 이상하게 보이는 결혼 이야기도 있고, 질병과 기근으로 죽어가는 고통스러운 이야기도 있습니다. 그래서 어떤 사람들은 이 어려운 이야기들을 이해할 수 없어 거부하면서 영감된 말씀이 아니라고 비판했습니다. 본인들이 이해할 수 있고 받아들일 수 있는 부분들만을 인정하고 나머지는 버렸습니다.

어려운 성경 이야기가 있다고 해서 그 부분을 버리거나 외면하면 안 됩니다. 왜냐하면 성경의 모든 내용은 다 필요하기 때문에 하나님께서 주신 것입니다. 또한 성경의 중요한 이야기와 교리들은 각각 분리되어 있는 것이 아니라 서로 긴밀하게 연결되어 있어서 하나를 버리면 전체가 붕괴되기도 합니다.

예를 들면 칼뱅주의 5대 교리라는 것이 있습니다. 1618-1619년 알미니안주의를 따라는 사람들은 '예정론'을 이해할 수 없다고 해서 버리기도 했으며, 예수님이 선택받은 백성들만을 위해서 죽으셨다라는 '제한 속죄'가 너무 불공평하다고 해서 버렸으며, 인간이 완전히 타락했다고 하는 '전적 타락'이 너무 가혹하다고 포기했습니다. 또한 인간은 완전히 타락하지 않았기 때문에 '불가항력적인 구원'을 인정할 수 없다고 했으며, 마지막으로 예정론을 거부했기 때문에 택함 받은 자가 버림받지 않고 보호된다는 '견인'교리도 거부했습니다. 이것은 외우기 쉽게 영어로 머리글자를 사용하여 'TULIP'(튤립꽃)이라고 합니다.

성경에는 우리가 이해할 수 없는 어려운 이야기도 있고, 때로는 받아들이기 매우 힘겨운 내용도 있습니다. 하지만 이 모든 것이 우리를 위해서 기록해 주신 하나님의 영감된 말씀임을 기억해야 합니다. 어렵다고 버릴 것이 아니라 겸손하게 더 열심히 공부하고 배우면 어려운 부분도 차츰 이해할 수 있습니다.

Q3 성경은 왜 오류가 없는 하나님의 말씀입니까?

무엇보다 중요한 것은 성경은 어떤 오류나 모순이 없는 완전하고 정확한 하나님의 말씀이라는 것입니다. 이 말씀이 곧 진리이며 성경은 진리이신 하나님의 말씀을 기록하고 있는 거룩한 책입니다. 이것을 성경의 '무오성'(infallibility)이라고 말합니다.

무오성은 성경에 기록된 단어 하나 토씨 하나까지 오류가 없다는 뜻입니다. 다시 말해 하나님은 완전하시기에 하나님의 말씀인 성경도 완전하다는 것입니다. 그래서 예수님은 이 성경을 훼손하는 일에 대해 엄격히 금하였습니다(계 22:18-19). 또 유명한 신학자인 워필드(B. B. Warfield)는 "영감을 받은 성경 기록자들의 말은 하나님의 말씀이기 때문에 절대적 권위를 갖는다."라고 말했습니다.

성경은 모든 사람이 거짓말쟁이라고 말합니다(시 58:3, 롬 3:4). 그렇지만 성경을 기록한 사람들은 하나님께서 자신들을 영감하셨기에 비록 자신들이 죄인이지만 자신들을 사용하여 주신 말씀은 오류가 없다고 증언합니다(시 19:6-9, 119: 86, 138, 142, 151, 160, 요 17:17).

한편 성경은 믿음을 가진 사람만이 느낄 수 있는 하나님의 마음을 담은 사랑의 샘터입니다. 그래서 성경을 읽으면 하나님의 사랑의 샘물을 먹게 되어 은혜를 받고 심령이 새로워지는 것을 느끼게 됩니다.

나아가 하나님의 말씀에는 우리가 상상할 수 없는 놀라운 능력이 있어 말씀을 읽을 때마다 전인격적인 부분에서 변화가 나타납니다.

히브리서 4장 12절을 살펴봅니다. "하나님의 말씀은 살아 있고 활력이 있어 좌우에 날선 어떤 검보다도 예리하여 혼과 영과 및 관절과 골수를 찔러 쪼개기까지 하며 또 마음의 생각과 뜻을 판단하나니"

교회가 세워진 후 2천년 동안 성경이 하나님의 말씀이 아니라 단지 옛날의 떠돌던 신화나 전설일 뿐이라고 성경을 깎아내리는 무리들이 나타났습니다. 이들에 의해 성경을 의심하는 사람들도 많이 있었지만 성경의 권위와 가치는 결코 훼손되지 않고 항상 지켜져 왔습니다.

성경이 오류가 없는 하나님의 말씀이라는 말은 성경 원문에 해당되는 말씀입니다. 당연히 사본이나 번역본에는 옮겨 적으면서 틀린 부분이 있습니다. 그러나 이 틀린 부분은 성경 전체의 내용에 지장을 줄 정도가 아니며 숫자나 땅 이름 등 아주 작은 부분입니다. 이런 차이도 여러 번역본 성경을 비교해서 읽으면 충분히 해결할 수 있습니다. 따라서 성경 번역본도 내용에 있어서는 성경 원본과 같이 하나님을 알 수 있게 해주며 구원 얻게 해 주는 영감의 권위를 가지는 것입니다.

Q4 하나님은 왜 직접 말씀하지 않고, 오래된 책을 주셨나요?

1. 하나님은 영(靈)이시므로 볼 수 없기 때문입니다.

하나님을 알기 위해서 성경이 꼭 필요한가요? 어떤 사람들은 기도하다가 하나님을 봤다고 하며, 어떤 사람들은 신비한 체험을 통해서 하나님을 느꼈다고 하는데, 이런 사람들은 성경 없이도 하나님을 만나는 것 아닌가요? 아닙니다. 성경 없이 하나님을 만나는 방법들은 모두 잘못된 방법들입니다.

왜냐하면 "하나님은 영"(요 4:24)이기 때문입니다. 하나님은 우리 인간처럼 몸을 가지고 계시지 않습니다. 하나님은 전능하신 영적 존재이기 때문에 하나님을 눈으로 보거나 만질 수 없습니다. 디모데전서 6장 16절에서는 "오직 그에게만 죽지 아니함이 있고 가까이 가지 못할 빛에 거하시고 아무 사람도 보지 못하였고 또 볼 수 없는 자시니"라고 가르치고 있습니다.

특히 인간은 죄인이기에 하나님을 볼 수 없습니다. 인류의 첫 조상인 아담이 선악과를 먹고 타락 후 모든 인간은 하나님의 정죄를 받아 죄인이 되었습니다. 죄를 짓기 전에도 하나님은 영이시기 때문에 우리가 하나님을 눈으로 볼 수 없는 것처럼 죄를 짓고 난 후에는 더욱 눈으로 보거나 만질 수 없습니다.

　죄인된 인간은 하나님을 찾으려고 하지도 않고, 경외하지도 예배하지도 않습니다. 모든 인간은 하나님을 점점 더 싫어하고 하나님이 원하시는 것이 무엇인지도 모르고, 끊임없이 하나님을 거역하며 살아갑니다. 결국 인간은 죄 때문에 하나님이 계신 줄도 모르고, 또한 하나님을 찾는 방법도 잃어버렸고, 하나님의 뜻을 배우는 방법도 잃어버렸습니다. 더구나 죄인된 인간이 거룩한 하나님 앞에 서면 죽게 됩니다.

　이런 이유 때문에 하나님은 우리에게 성경을 주셨습니다. 인간은 하나님을 직접 볼 수 없기 때문에 하나님은 우리가 쉽게 보고 만지며 공부할 수 있는 인간의 언어로 된 성경을 만들어 주셨습니다. 하나님은 하나님께서 누구신지, 하나님을 어떻게 만나는지, 하나님의 뜻이 무엇인지를 깨달을 수 있는 모든 방법들을 성경을 통해서 알려 주셨습니다. 그래서 성경은 이제 우리에게 절대적으로 필요한 것입니다.

2.　하나님은 성경을 통해서만 자신을 가르쳐 주십니다.

성경이 완성되기 전에는 하나님께서 자신을 어떻게 가르쳐 주셨을까요? 성경은 1,600년 동안 기록되었습니다. 그래서 성경이 완성되기 전에는 "옛적에 선지자들로 여러 부분과 여러 모양으로 우리 조상들에게 말씀하신 하나님이, 이 모든 날 마지막에 아들로 우리에게 말씀하셨으니"(히 1:1-2)라는 말씀처럼 음성, 환상, 꿈 등을 통해서 말씀하시기도 했습니다.

하지만 이런 직접적인 형태들은 "이런 것은 먹고 마시는 것과 여러 가지 씻는 것과 함께 육체의 예법만 되어 개혁할 때까지 맡겨 둔 것이니라."(히 9:10)는 말씀에서 보듯이 이제 중단되었습니다. 하나님은 성경을 완성해 가시는 동안은 이런 방법을 임시적으로 사용하기도 했지만 이제 성경이 완성된 후에는 이런 기적적인 방법이 아니라 성경을 읽고 배우고 깨닫는 방식을 사용하십니다.

어떤 사람은 "글을 읽는 것보다 직접 기적적인 방법으로 하나님의 음성을 듣거나 환상을 통해서 알아가는 것이 더 좋지 않나요?"라고 묻습니다. 그러나 이런 방법은 직접 듣는 그 사람에게만 제한되고 다른 사람들은 하나님의 뜻을 듣지 못하는 일이 벌어지기도 하고, 들은 사람이 그 내용을 전달하는 과정에서 우리의 연약함 때문에 잘못 전달하고, 잘못 이해해서 하나님의 뜻을 곡해하는 일이 벌어질 수 있습니다.

출애굽기 20장 19절에는 "모세에게 이르되 당신이 우리에게 말씀하소서 우리가 들으리이다 하나님이 우리에게 말씀하시지 말게 하소서 우리가 죽을까 하나이다."라고 경고합니다. 죄인이 하나님의 음성을 직접 들으면 죽을 수도 있다고 말합니다. 하나님의 음성을 직접 듣는 것은 이처럼 무섭고 두려운 일이기 때문에 하나님은 인간의 언어와 문자로 하나님의 뜻을 담은 성경을 우리에게 주신 것입니다.

인간의 언어로 기록된 성경은 누구나 읽을 수 있으며, 누구나 관심만 가지면 읽고 배울 수 있습니다. 또한 전세계에 있는 모든 사람들이 똑같은 내용을 전달 받을 수 있고, 후손들에게 전달해 주기도 훨씬 편안하고 안전합니다. 이런 이유 때문에 하나님은 더 이상 직접적인 기적형태가 아니라 기록된 성경으로 우리에게 자신을 알려주시는 것입니다. 환상이나 꿈이나 신비한 체험을 통해서 하나님을 배우는 것이 아니라 오직 성경을 통해서만 하나님을 알 수 있습니다.

성경이 기록된 목적은 첫째, 하나님 자신을 보여주시기 위함입니다. 즉 타락한 인간에게 하나님 자신이 얼마나 거룩하시며 인간을 향하신 그의 사랑이 얼마나 크신가를 보여주기 위함입니다(요일 4:9-10). 이렇게 하심으로 하나님은 인간이 하나님을 알고 믿어 원래 창조 목적에 맞는 삶을 살아가도록 원하신 것입니다.

둘째, 하나님은 성경을 통해 타락한 인간이 구원받을 수 있는 유일한 길을 제시하였습니다. 이 세상에 인간이 다른 이름으로 구원받는 길은 없습니다(요 11:25-26). 오직 특별계시인 성경을 통해 그 말씀에서 가르치시는 예수님을 믿음으로 인간은 구원 받을 수 있습니다(요 3:16, 행 4:12).

셋째, 성경은 사람들을 잘 교육하여 유익함을 주고 온전한 하나님의 사람으로 만들기 위해 우리에게 주어진 것입니다. "모든 성경은 하나님의 감동으로 된 것으로 교훈과 책망과 바르게 함과 의로 교육하기에 유익하니 이는 하나님의 사람으로 온전케 하며 모든 선한 일을 행하기에 온전케 하려 함이라."(딤후 3:16-17)

Q5 성경은 일반 책과 어떤 차이가 있나요?

1.　통일성

성경은 여러 가지 측면에서 매우 중요한 특성들을 소유하고 있습니다. 이것은 인간의 지혜로 가늠할 수 없는 신비의 영역에 속합니다. 앞서도 밝혔듯이 어떻게 1,600년 동안 많은 저자들이 제각기 기록된 내용들의 주제가 하나같이 동일할 수가 있습니까? 이 하나만 보아도 성경은 인간이 고안해 낸 작품이 아니라 성경의 저자가 한 분 하나님이심을 증거하는 것입니다. 다시 말해 성경에 기록된 모든 사상은 그리스도의 속죄를 중심으로 한 구원을 가르쳐서 하나님을 영화롭게 하는 목적으로 일관되고 있습니다. 이러한 특성을 일러 성경의 일관성, 또는 전체적인 통일성이라 정의합니다.

또한 성경은 교리적으로도 명확한 진리를 선포하고 있습니다. 모든 교리는 하나님-창조-타락-예수-십자가-부활-구원-교회-영생이라는 일관된 통일성을 가지며 공통의 주제와 목표를 제시합니다. 이 교리의 체계는 그 어떤 종교도 흉내 내지 못하는 성경만의 고유한 특성입니다. 이 교리의 체계만이 이 세상에 존재하는 죄와 고통, 아픔과 슬픔, 그리고 사랑과 희망, 삶의 진정한 의미들을 설명할 수 있습니다. 다시 말해 창조를 모르면서 인간의 기원을 이야기 할 수 없고, 타락을 부정하면서 구원을 말할 수 없습니다. 예수님의 십자가 죽음을 무시하면서 대속을 말할 수 없고 부활을 부정하면 구원과 영생은 무용지물이 됩니다.

2.   완전성

성경은 신앙과 생활에 필요한 모든 것을 가르쳐 주는 유일한 규칙입니다. 성경은 가장 거룩하고 완전한 하나님의 말씀이기 때문에 인간에 필요한 모든 것을 말씀해 주고 계십니다. 웨스트민스터 신앙고백서 1장도 "하나님 자신의 영광과 인간의 구원과 믿음과 생활에 필요한 모든 일들에 관한 하나님의 전체적인 계획은 성경 안에 분명히 나타내셨다."라고 말합니다.

하나님의 말씀인 성경은 인간의 구원을 위해 기록된 특별계시의 책입니다. 이 특별계시는 하나님의 뜻을 완전히 계시한 것으로 전혀 부족함이 없습니다. 그래서 하나님은 "내가 너희에게 명하는 이 모든 말을 너희는 지켜 행하고 그것에 가감하지 말지니라."(신 12:32)고 하시어 말씀들을 더하거나 빼지 말라고 엄히 경고하였습니다(계 22:18-19).

이것은 우리에게 계시된 성경은 완전하고 충분하게 계시되었으므로 새로운 내용이 추가로 계시되어야 하거나 인간의 입장에서 필요한 구절들을 첨가해서는 안 된다는 것입니다. 신비주의자들은 하나님의 음성을 직접 들었다거나 또는 환상과 미래의 일을 보았다고 주장하지만 이것은 잘못된 것입니다. 이런 잘못에 대해서 웨스트민스터 신앙고백 제1장 '성경' 항목에서는 "하나님께서 자기 백성에게 자신의 뜻을 직접 계시해 주시던 과거의 방식들은 이제 중단되었다(히 1:1-2)."라고 지적합니다.

3. 명확성

성경은 학식이 높은 사람들만 알 수 있는 것이 아니라 배우지 못한 사람일지라도 읽고 쉽게 이해할 수 있습니다. 이것을 일러 '명확성', 즉 '분명성'이라 합니다. 모든 신자는 성경을 묵상하도록 명령을 받았습니다. 예수님은 성경에서 영생을 얻는 줄 생각하고 성경을 연구하라(요 5:39)고 말씀하셨습니다.

이 말은 누구든지 성경을 읽을 수 있고 성경의 내용을 이해할 수 있기 때문에 연구하라고 말씀하신 것입니다. 실제로 우리나라에 기독교의 복음이 전해진 이후 교육을 받지 못한 많은 문맹자들이 말씀을 듣기만 했음에도 그 뜻을 온전히 이해한 것만 보아도 성경은 모든 사람들을 이해시킬 수 있는 특별함을 가지고 있음이 틀림없습니다.

물론 성경에는 아주 어려운 내용들도 많습니다. 하지만 이것 때문에 성경 읽기를 게을리 하고 배우는 것을 멀리하는 핑계를 댈 수 없습니다. 하나님께서는 교회에 목사님을 세우시고 설교와 성경공부를 통해서 어려운 부분도 잘 이해하며 배울 수 있도록 여러 도움의 방편을 마련해 주셨기 때문입니다.

4. 성령 하나님의 도우심

기타 성경은 여러 독특한 요소들을 소유하고 있습니다. 문장과 문체에서 성경은 매우 장엄한 특성을 가지고 있습니다. 특히 창세기나 이사야, 로마서, 요한계시록 등은 그 문체가 너무나 장엄하여 읽는 사람으로 하여금 직접 하나님의 음성을 듣는 것인 마냥 옷깃을 여미며 경외하게 만듭니다.

마지막으로 성경은 오직 성령님의 도우심에 의한 인도하심이 있어야 말씀의 의미가 깨달아집니다. 말씀을 그냥 알고 이해하는 수준과 말씀의 진정한 의미를 깨닫는 것은 다른 차원입니다. 그러므로 성경을 읽는 독자들은 반드시 사전에 기도로 준비하며 성령님의 도움을 청해야 합니다. 요한복음 16장 13절은 성령님이 도와주실 것이라고 말합니다. "그러나 진리의 성령이 오시면 그가 너희를 모든 진리 가운데로 인도하시리니 그가 스스로 말하지 않고 들은 것을 말하며 장래 일을 너희에게 알리시리라."

Q6 성경은 어떻게 읽고 해석하나요?

1. 우리는 예배 때 왜 '사도신경'을 고백하나요?

기독교 신앙은 앞에서 설명한 것처럼 하나님의 말씀인 성경을 잘 읽고, 이해하며, 의지하므로 시작됩니다. 그런데 성경을 어떻게 읽어야 합니까? 그냥 막 읽어도 이해되는가요? 아니면 읽다가 자기 마음에 감동 오는 부분만 있으면 되나요? 베드로후서 3장 16절에 보면 "그 모든 편지에도 이런 일에 관하여 말하였으되 그 중에 알기 어려운 것이 더러 있으니 무식한 자들과 굳세지 못한 자들이 다른 성경과 같이 그것도 억지로 풀다가 스스로 멸망에 이르느니라."는 경고가 있습니다.

성경을 자기 마음대로 읽고 느끼고 싶은 대로 사용하는 사람들이 있습니다. 그러나 베드로는 이런 마구잡이식의 성경읽기에 대해서 "멸망에 이를 것"이라고 엄히 경고합니다. 또한 "먼저 알 것은 성경의 모든 예언은 사사로이 풀 것이 아니니"(벧후 1:20)라고 지적하면서 성경은 각자 마음대로 해석하는 것이 아니라 일정한 객관적 기준이 있어야 한다고 말합니다.

왜냐하면 두 가지 이유 때문입니다. 첫 번째 이유는 성경의 분량이 너무 많고 또한 내용도 복잡하기 때문입니다. 성경은 66권 1,755페이

지에 해당되는 엄청난 분량을 가지고 있습니다. 일반 책 크기로 편집하면 10권 이상 되는 전집이 됩니다. 분량도 문제지만 내용도 매우 복잡합니다.

예를 들면 레위기는 수많은 제사와 절기 이야기가 나옵니다. 에스겔, 다니엘, 요한계시록은 수많은 비유와 상징들이 등장합니다. 구약은 한 남자에게 여러 아내를 허락하는 것처럼 보이지만 신약은 1부 1처만을 강조합니다. 로마서는 믿음으로 구원을 말하고 야고보서는 얼핏 보면 행위로 구원받는다고 말하는 것 같습니다. 이처럼 내용이 서로 부딪치는 것처럼 보이는 것이 많습니다. 따라서 성경을 바르게 이해하기 위해서 성경의 핵심을 요약하고 정리한 짧은 내용이 필요합니다.

두 번째 이유는 수많은 사이비 이단들 때문입니다. 여호와 증인도, 통일교도, 신천지도 성경을 가지고 설명합니다. 그들도 성경을 읽고 해석하여 설명해 줍니다. 모두가 다 성경을 가지고 자기 나름대로 해석하여 설명하기 때문에 어떤 사람의 말이 맞는지 알 수가 없습니다. 100명이 모여도 1,000명이 모여도 서로 다른 해석이 나옵니다. 그리고 서로를 향해서 틀렸다고도 말할 수 없습니다. 왜냐하면 성경해석의 기준이 없으면 각자가 읽고 이해한 모든 것이 맞았는지 틀렸는지 설명할 수 없기 때문입니다. 이처럼 이단을 막기 위해서 올바른 객관적인 성경해석의 기준이 필요합니다.

이 두 가지 이유 때문에 초대교회 때부터 정통교회는 성경 해석에 대한 객관적 기준을 마련했습니다. 그것이 바로 '사도신경'(신조)입니다. 그래서 예배 시간에도 이 사도신경을 고백하는 것입니다. 왜냐하면 수많은 이단들도 하나님을 믿는다고 말하지만 정통교회가 성경을 통해서 이해한 하나님과 너무나 다르기 때문에 사도신경의 내용에 맞는 신앙만이 참된 신앙으로 인정했던 것입니다.

이와 같이 교회는 성경을 바르게 가르치고 이단을 막기 위해서 성경의 핵심 요약인 '신조'(신앙고백, 교리문답)를 만들었습니다. 신조라는 말은 "성경의 핵심 내용에 대한 신앙고백"이라는 뜻입니다. 표현에 따라서 '신조', '신경', '신앙고백서'라고 하며, '성경교리를 요약하였다.'고 해서 '교리문답'(요리문답)으로 부르기도 합니다. 이렇게 장로교회는 사도신조로부터 웨스트민스터 신앙고백서와 소요리문답과 같은 교회의 공적이며 객관적인 해석의 기준을 따라서 해석합니다.

이런 객관적 해석의 기준을 가지고 있어야만 장로교회의 중요한 해석원리인 웨스트민스터 신앙고백서 1장 9항의 "성경 해석의 무오한 규칙은 성경 자체이다."라는 표현을 바르게 이해할 수 있습니다. 성경은 하나님의 말씀이기 때문에 성경 그 자체가 중요한 해석의 기준과 의미를 전달해 주고 있습니다. 이 중요한 기준과 핵심적 의미를 교회에서는 신앙고백과 교리문답을 통해서 정리해 놓은 것입니다.

성경을 해석할 때 객관적인 기준을 갖지 않으면, 사람은 항상 개인의 주관적인 지나친 해석을 하게 되는 위험을 갖고 있습니다. 각자 자기가 느끼고 이해하는 대로 성경을 마구잡이로 해석하면 본문의 내용을 바르게 이해하지 못하는 무질서와 혼란이 생깁니다. 성경을 열심히 읽는 것도 중요하지만 내 입맛에 맞게 맘대로 이해하면 안 되고 기독교 2,000년 역사 동안 지켜온 중요한 교리들, 즉 역사적 신앙고백에 따라서 해석해야 가장 안전하고 바르게 성경을 이해할 수 있습니다.

종교개혁가인 장 칼뱅 목사님은 정통교회에서 성경을 바르게 배우기 위해서는 반드시 학생들, 어른들 모두 신앙고백서와 교리문답을 부지런히 배워야 한다고 다음과 같이 강조했습니다.

"교회는 언제나 어린아이들을 기독교 신앙교리 안에서 양육하라는 특별한 권면을 받아 왔다. 이를 규모 있게 수행하기 위해 교회는 교리문답이라고 불리는 어떤 특정한 규칙서를 사용하였다. 악마는 자신이 교회를 흩어서 가공할 만한 폐허로 만들어 버렸음에도 불구하고 세상에 있는 대부분의 교회 안에 아직 어떤 징표들이 남아 있는 것을 보자 악마는 이런 거룩한 질서(Catechism:교리문답)를 붕괴시켰다. 따라서 악마가 남겨놓은 것은 교화능력이 전혀 없고 단지 미신만을 산출해 낼 수 있는 몇 가지 유물들에 불과하다. 이것이 바로 왜 현재 우리 교회 안에 내적인 힘은 없고 허식만이 존재하고 있는가에 대한 이유를 설명해 주는 확실한 논거이다. 우리가 여기서 제시하는 이 교리문답은 옛적부터 그리스도인들 가운데서 준수되어 왔고, 교회가 완전히 부패했을 경우를 제외하고는 결코 포기된 적이 없는 관례적인 것이다."(칼뱅의 제네바 2차 교리문답 서문 중에서).

2.   신앙고백서(신조)에는 어떤 것들이 있습니까?

정통교회와 장로교회가 사용하는 신앙고백서는 종류가 매우 많습니다. 시대별로 소개해 보겠습니다. 초대교회 시대에는 A.D. 500년까지 사도신경(1-2세기), 니케아 신조(325년), 니케아-콘스탄티노플 신조(381년), 칼케돈 신조(451년), 아타나시우스 신조(4-5세기) 등과 같은 고대 5개 신조가 있습니다.

종교개혁시대에는 제네바 요리문답 (1537, 1542년), 제1, 2 스위스 신앙 고백(1536, 1566년), 프랑스 신조(1599년), 스코틀랜드 신조(1560년), 벨직 신조(1561년), 하이델베르크 요리문답(1563년), 도르트 신조 (1619년), 웨스트민스터 신앙고백과 대·소요리문답(1647, 1648년) 등이 있습니다. 마지막으로 한국장로교회의 최초 신앙고백서인 12신조(1907년)가 있습니다.

이 중에서 장로교회 교회법 안에서 교리기준으로 삼는 웨스트민스터 신앙고백이 제일 중요합니다. 특히 학생들을 위해서는 웨스트민스터 소요리문답을 기초로 교육합니다. 정통장로교회는 이 많은 신조들 중에 웨스트민스터 신앙고백과 대·소요리문답을 가장 훌륭한 고백으로 평가했기 때문에 이 표준문서들을 객관적 해석기준으로 삼습니다. 하지만 유럽을 중심으로 하는 개혁교회들은 하이델베르크 요리문답, 벨직 신앙고백서, 도르트 신조와 같은 3개의 신조를 객관적 기준으로 삼기도 합니다. 약간의 차이가 있지만 모두 역사적 신앙고백서를 성경해석의 기준으로 삼는 것은 동일한 모습입니다. 제일 대표적인 신조 몇 가지만 소개하겠습니다.

첫째로 사도신조입니다.
"전능하사 천지를 만드신 하나님 아버지를 내가 믿사오며, 그 외아들 우리 주 예수 그리스도를 믿사오니, 이는 성령으로 잉태하사 동정녀 마리아에게서 나시고, 본디오 빌라도에게 고난을 받으사, 십자가에 못 박혀 죽으시고, 장사한 지, [지옥에 내려가셨으며] 사흘(삼일) 만에 죽은 자 가운데서 살아나시며, 하늘에 오르사 전능하신 하나님 우편에 앉아계시다가, 저리로서 산 자와 죽은 자를 심판하러 오시리라. 성령을 믿사오며, 거룩한 공회(교회)와 성도가 교통하는 것과 죄를 사하여 주시는 것과 몸(육체)이 다시 사는 것과, 영원히 사는 것을 믿사옵나이다."

사도신조는 6가지 주제로 나눠집니다. 하나님, 인간(죄), 예수님, 구원, 교회, 종말입니다. 여기에 성경론을 추가하면 지금 여러분에게 소개하고 있는 조직신학 7개의 교리가 되는 것입니다. 따라서 사도신조의 내용은 기독교의 핵심적 교리임을 알 수 있습니다.

둘째로 웨스트민스터 신앙고백서입니다.
이 신조는 사도신조의 내용을 확대 설명한 것으로 총 33개 항목이 있습니다. 이것은 여러 신앙고백서들 중에서 가장 훌륭한 신조로 평가됩니다. 또한 장로교회 교회법에서 신앙기준으로 채택한 법적인 문서이기도 합니다. 이 33개의 조항을 벗어난 신앙행동은 교회법에 따라

징계를 받을 수 있습니다. 국가에도 헌법이 있어서 국민들의 생활 기준이 되듯이 이 신조는 장로교회의 법이며 교인들의 신앙기준입니다.

셋째로 웨스트민스터 소요리문답입니다.

이 교리문답은 웨스트민스터 신앙고백서를 어린이와 청소년들에게 쉽고 빠르게 가르치기 위해서 107개의 질문과 답으로 요약해 놓은 것입니다. 이 교리문답은 제1문이 가장 유명합니다. "사람의 제일 되는 목적이 무엇인가? 답: 사람의 제일 되는 목적은 하나님을 영화롭게 하는 것과 영원토록 그를 즐거워하는 것이다." 이 고백 안에 정통교회의 모든 신앙내용이 녹아 있기 때문에 여러분 모두는 평생 이 고백을 암기하고 되새겨야 합니다.

3. 성경을 해석할 때 어떤 원칙이 있나요?

정통장로교회가 교회에서나 가정에서 성도들이 성경을 읽고 해석할 때 기준으로 삼았던 원리는 '신앙고백서'나 '교리문답'이었습니다. 이런 객관적 기준을 가지고 성경해석 하는 자세를 칼뱅은 "성경이 가는 데까지 가고, 성경이 멈추는 데에서 멈추는 것"이라고 표현합니다. 이 원리를 좀 더 쉽게 3가지 해석원칙으로 구분하여 설명할 수 있습니다.

첫째는 '문법적' 해석입니다. 성경은 자음과 모음으로 이뤄진 인간의 글자로 쓰여졌습니다. 그렇기 때문에 성경을 읽고 해석할 때는 단어와 문장을 정확하게 읽어야 합니다. 글이란 대충 읽어서는 이해할 수 없고 단어와 문장이 어떻게 구성됐는지를 잘 살피고, 앞뒤 문장을 통해서 전체 문맥의 의미가 무엇인지를 살펴야 합니다. 이렇게 글자를 정확하게 읽으면서 해석하는 방법을 문법적 해석이라고 합니다.

예를 들면 "너희는 가서 모든 족속으로 제자를 삼아 아버지와 아들과 성령의 이름으로 세례를 주고, 내가 너희에게 분부한 모든 것을 가르쳐 지키게 하라."(마 28:19-20)는 말씀을 봅시다. 여기에 "가서", "제자를 삼아", "세례를 주고", "가르쳐", "지키게 하라."라는 5개의 동사 문장이 나옵니다. 어떤 표현이 이 본문의 핵심적인 문장일까요? 우리 번역 표현은 어떤 문장이 핵심인지 잘 구별하기 어렵지만 원래의 본문은 "제자를 삼아"가 핵심이고 나머지는 보조문장들입니다. 문법을 정확하게 살피는 일이 이렇게 중요합니다.

둘째는 역사적 해석입니다. 성경은 1,600년 동안 기록됐고, 구약과 신약이라는 두 개의 큰 형태로 기록됐습니다. 구약은 예수님께서 오시기 전에 쓰였기 때문에 성전, 다양한 제사들, 절기들, 사회정치적인 규칙들이 많습니다. 신약은 예수님께서 오신 후에 쓰였기 때문에 구약의 많은 제사제도와 사회정치적인 규칙들을 사용하지 않습니다. 예수님께서 오시기 전과 후는 이렇게 엄청난 차이를 나타내고 있습니다. 구약과 신약의 공통점과 차이점을 잘 살펴야 합니다. 어떤 제도가 중단되고 어떤 제도들과 명령들이 신약에 계속되는지를 살펴야 합니다.

예를 들면 구약의 성전과 성전에 연결된 제사들은 참된 성전이시며 희생제물이신 예수님께서 오셨기 때문에 더 이상 신약에서 사용하지 않습니다. 또한 구약에서는 다양한 결혼모습이 소개됩니다. 특히 부인을 여러 명 두는 것도 임시적으로 허용했습니다. 왜냐하면 이스라엘 민족이 연약하여 멸망하면 안 되기 때문입니다. 또한 하나님은 이들을 통해서 중보자를 이 땅에 보내주신다고 약속했기 때문에 이스라엘 민족의 생존을 보호하기 위해서 임시적으로 부인을 여러 명 두는 것을 허락하여 자손을 보존하도록 했습니다.

이 외에도 신자의 외적 표시인 구약의 할례제도(남자 성기의 피부 끝을 자르는 것)가 신약에서는 물세례로 바뀌었으며, 하나님과 동행하며 은혜의 충만함을 약속하는 구약의 유월절 행사가 신약에서는 성만찬으로 간소화 됐습니다. 이처럼 구약과 신약은 역사와 삶의 모습이 다르기 때문에 공통점과 차이점을 잘 헤아려야 합니다.

셋째는 교리적 해석입니다. 앞에서 성경해석의 객관적 기준으로 장로교회는 교회의 공적인 신앙고백서나 교리문답을 사용한다고 했습니다. 그리고 이 신조들은 사도신조로부터 시작해서 웨스트민스터 신앙고백에 이르기까지 다양한 형태들이 존재합니다. 하지만 이 모든 신조들을 주제별로, 내용별로 정리해보면 7개의 큰 주제와 교리로 정리됩니다. 7개는 '성경'(성경론), '하나님'(신론), '죄'(인간론), '예수님'(기독론), '구원'(구원론), '교회'(교회론), '종말'(종말론) 등입니다.

각 신조들은 조금씩 차이가 있지만 이 7개의 교리는 공통적으로 가지고 있습니다. 따라서 성경을 해석할 때 7개의 근본교리와 부딪치게 해석하면 경고를 받는 것이며, 이 경고를 받지 않고 다르게 해석하면 이단으로 판정받을 수 있는 것입니다. 그래서 신조를 성경해석의 객관적 기준으로 삼는다라는 고백은 7대 교리를 기준으로 삼는다라는 말과 같은 말입니다. '교리적 해석'은 '신조적 해석', '교리문답적 해석'과 같은 표현인 것입니다.

Q7 어떻게 성경을 나에게 적용하나요?

1. 성경을 내가 적용하고 싶은 대로 하면 안 되나요?

성경을 우리의 삶에 잘 적용하는 것은 매우 중요한 일입니다. 왜냐하면 성경은 하나님의 살아계신 말씀이기 때문에 "네가 네 하나님 여호와의 말씀을 순종하면 이 모든 복이 네게 임하며 네게 미치리니"(신 28:2)라는 말씀처럼 바르게 깨닫고 실천하면 하나님의 큰 위로와 복이 임합니다. 하지만 성경을 해석하고 바르게 적용하는 일은 쉽지 않습니다.

성경해석에서도 성경을 자기 마음대로 읽고 이해하며 해석하는 주관적 해석이 문제였던 것처럼 적용과 실천에서도 일정한 기준 없이 자기 마음대로 주관적인 형태로 적용하는 것은 매우 위험한 일입니다. 성경해석을 통해서 중요한 교훈과 교리들을 찾아냈지만 이것을 자신의 삶과 가정, 국가, 사회에 어떻게 적용하며, 또한 어디까지 실천해야 하는지는 매우 어려운 일입니다.

최근에 교회에서는 'QT'(매일의 묵상)라는 형태의 성경읽기와 적용이 유행하고 있습니다. 이 방법은 정통장로교회의 성경읽기 방법이 아니기 때문에 매우 조심해야 합니다. 이것은 매일 조금씩 분량을 정해서 성경을 읽다가 어떤 특별한 단어와 구절이 자기 마음에 와 닿으면 그 부분을 하나님께서 오늘 자신에게만 주신 소중한 말씀이라 생각하고 적용하는 것입니다. 이런 형태의 적용은 매우 지나치게 주관적이기 때문에 주의해야 합니다.

왜냐하면 성경에는 전쟁, 질병, 미움, 사망, 간음, 폭력 등과 같은 많은 단어들과 구절과 사건들이 있는데 위험한 표현을 객관적인 해석을 거치지 않고 함부로 자신의 삶에 주관적으로 적용하면 극단적인 실천이 될 수도 있습니다. 예를 들면 전쟁에서 사람을 죽이라는 명령도 있고, 부인을 여러 명 두라는 명령도 있고, 멀리 다른 나라로 이사가라는 명령도 있는데 이 명령들을 문맥과 교리에 상관없이 바로 적용하면 대한민국의 사회법과도 부딪치고, 결국 범죄자가 될 수도 있습니다.

2.　성경적용의 큰 원칙은 무엇인가요?

성경을 바르게 실천하려면 어떻게 해야 하나요? 장로교회는 이런 실천과 적용의 어려움을 해결해 주기 위해서 객관적인 적용기준을 마련해 주었습니다. 성경해석의 기준인 신앙고백서와 교리문답 안에는 성경의 바른 적용을 위해서 '십계명'을 가르치고 있습니다. 우리 선조들은 하나님께서 십계명을 우리에게 주신 이유가 성도들의 '삶의 규범'이며 기준이 되도록 주신 것임을 깨달았습니다. 그래서 2,000년 동안 기독교는 성경을 적용하는 원리로 십계명을 가르쳐 왔습니다.

앞에서 배웠던 신앙고백서와 7대 교리를 우리의 삶에 적용할 때는 자기 마음대로 적용하는 것이 아니라 이 십계명이 가르치고 허락하는 범위까지 실천하며 적용하는 것입니다. 십계명은 성경을 적용하고 실천하는 큰 울타리인 것입니다. 소요리문답에서는 성도의 생활과 실천의 원리로서 십계명을 소중하게 말해주고 있습니다.

"제40문: 인간이 복종하도록 하나님께서 처음 나타내신 규칙은 무엇입니까? 답: 인간이 복종하도록 하나님께서 처음 나타내신 규칙은 도덕법입니다."

"제41문: 이 도덕법은 어디에 요약되어 있습니까? 답: 이 도덕법은 십계명에 요약되어 있습니다."

3. 십계명에는 어떤 내용이 있나요?

첫째 계명: "나 외에는 위하는 신들을 네게 있게 말지니라."(신 5:7)

둘째 계명: "너는 자기를 위하여 새긴 우상을 만들지 말고 위로 하늘에 있는 것이나 아래로 땅에 있는 것이나 땅 밑 물 속에 있는 것의 아무 형상이든지 만들지 말며, 그것들에게 절하지 말며 그것들을 섬기지 말라 나 여호와 너의 하나님은 질투하는 하나님인즉 나를 미워하는 자의 죄를 갚되 아비로부터 아들에게로 삼 사대까지 이르게 하거니와 나를 사랑하고 내 계명을 지키는 자에게는 천대까지 은혜를 베푸느니라."(신 5:8-10)

셋째 계명: "너는 너의 하나님 여호와의 이름을 망령되이 일컫지 말라 나 여호와는 나의 이름을 망령되이 일컫는 자를 죄 없는 줄로 인정치 아니하리라."(신 5:11)

넷째 계명: "여호와 너의 하나님이 네게 명한대로 안식일을 지켜 거룩하게 하라. 엿새 동안은 힘써 네 모든 일을 행할 것이나, 제칠일은 너의 하나님 여호와의 안식 인즉 너나 네 아들이나 네딸이나 네 남종이나 네 여종이나 네 소나 네 나귀나 네 모든 육축이나 네 문 안에 유하는 객이라도 아무 일도 하지 말고 네 남종이나 네 여종으로 너같이 안식하게 할지니라. 너는 기억하라 네가 애굽 땅에서 종이 되었더니 너의 하나님 여호와가 강한 손과 편 팔로 너를 거기서 인도하여 내었나니 그러므로 너의 하나님 여호와가 너를 명하여 안식일을 지키라 하느니라."(신 5:12-15)

다섯째 계명: "너는 너의 하나님 여호와의 명한대로 네 부모를 공경하라 그리하면 너의 하나님 여호와가 네게 준 땅에서 네가 생명이 길고 복을 누리리라."(신 5:16)

여섯째 계명: "살인하지 말지니라."(신 5:17)

일곱째 계명: "간음하지 말지니라."(신 5:18)

여덟째 계명: "도둑질 하지 말지니라."(신 5:19)

아홉째 계명: "네 이웃에 대하여 거짓 증거하지도 말지니라."(신 5:20)

열째 계명: "네 이웃의 아내를 탐내지도 말지니라 네 이웃의 집이나 그의 밭이나 그의 남종이나 그의 여종이나 그의 소나 그의 나귀나 무릇 네 이웃의 소유를 탐내지 말지니라."(신 5:21)

십계명을 외우기 쉽게 아래처럼 정리해 볼 수 있습니다.

1계명: 하나님만을 섬겨라.

2계명: 우상숭배하지 말라.

3계명: 하나님의 이름을 욕하지 말라.

4계명: 주일(안식일)을 지켜라.

5계명: 부모를 공경하라.

6계명: 살인하지 말라.

7계명: 간음하지 말라.

8계명: 도둑질하지 말라.

9계명: 거짓말하지 말라.

10계명: 탐욕하지 말라.

4. 십계명을 바르게 이해하기 위해서는 어떻게 해야 하나요?

십계명은 매우 간단하게 10개로 만들어졌지만 그 안에는 "안식일을 지키라."는 4계명처럼 구약적 표현도 들어있습니다. 현재 우리는 주일을 지키지 구약의 안식일을 지키지 않기 때문에 주의해야 합니다. 또한 10개의 명령은 구약의 613개나 되는 율법의 다양한 형태를 구성하는 기초가 되기도 합니다. 즉 십계명은 율법이라 불리는 구약의 법이기도 하고, 이 법을 가지고 다양한 형태로 사용하기도 합니다. 이런 십계명의 형식과 사용원리를 이해하기 위해서는 크게 두 자지로 나눠서 보아야 합니다. 첫째는 기록된 형식을 살펴야 하고, 둘째는 적용하는 용도와 방법에 대해서 살펴봐야 합니다.

1) 십계명의 기록 형태는 3가지가 있습니다.
첫째는 의식법입니다. 십계명은 구약의 다양한 제사의식들과 관련이 있습니다. 하나님께서는 성전과 절기들, 제사들을 통해서 예수님에 대해서, 그리고 생활의 원리에 대해서 가르쳐 주셨습니다. 그리고 이 제사들은 십계명과 연결되도록 하여 다양한 의미들을 가르치도록 했습니다. 하지만 예수님께서 오신 신약에 와서 제사와 관련된 명령들은 십계명의 핵심으로 스며들게 하셨고, 외적인 명령들은 중단되도록 했습니다. 이에 관하여 웨스트민스터 신앙고백서 19장 3항에서 이렇게 고백합니다.

> "하나님께서는 아직 미성숙한 교회인 이스라엘 백성에게 여러 예표적 규례를 담고 있는 의식법들을 주기를 기뻐하셨다. 이 의식법은 부분적으로는 그리스도와 그의 은혜들, 행위들, 고난들, 은택들을 예표하는 예배에 관한 것이며, 또한 부분적으로는 도덕적 의무들에 관한 다양한 지침들도 제시하고 있다. 이 모든 의식에 관한 율법은 이제 새로운 약속 아래에서 폐지되었다."

예를 들면, "이는 문둥병 환자라 부정하니 제사장은 그를 부정하다 확실히 진단할 것은 그 환처가 그 머리에 있음이니라."(레 13:44)는 말씀은 외형적으로 더 이상 지켜지지 않습니다. 하지만 이 문둥병 명령은 1계명에 해당되기 때문에 그 의미의 핵심은 여전히 지금도 적용됩니다. 즉, 문둥병은 구약에서 제일 무서운 병의 모습으로 소개됩니다. 이 비참한 병의 모습은 인간의 죄를 떠오르게 하여 유일하신 하나님만이 이 비참함에서 우리를 구원해 줄 수 있는 분임을 깨닫도록 했습니다. 문둥병이 부정하다라는 명령은 중단됐지만, 우리를 구원하실 분은 오직 하나님밖에 없다라는 의미는 여전히 남아 있습니다.

"제사장 아론의 자손 중에 흠이 있는 자는 나아와 여호와의 화제를 드리지 못할지니 그는 흠이 있은즉 나아와 하나님의 식물을 드리지 못하느니라."(레 21:21)는 말씀은 2계명에 해당됩니다. 2계명은 "우상숭배하지 말라."입니다. 이 명령은 하나님을 어떻게 예배해야 하는지를 가르칩니다. 제사장은 구약의 많은 제사를 인도해야 하는 사람이기 때문에 하나님께서 제사장의 복장, 자격, 모습 등에 대해서 매우 엄격하게 요구했습니다. 지금은 이런 제사장 자격에 대한 명령을 지키지 않지만, 여전히 하나님께 예배해야 할 때는 엄숙하고 경외하는 마음으로 교회정치의 질서 속에서 해야 한다는 의미는 남아 있습니다.

둘째는 사회법(재판법)입니다. 구약의 이스라엘은 교회와 국가가 일치된 형태로 살았습니다. 그 때문에 국가의 통치를 위해서 사용했던 많은 사회적이고 정치적인 법률들이 그대로 교회법으로 연결되어 지켜지기도 했습니다. 즉, 돌로 쳐서 죽이는 법률이나, 안식을 범하면 죽이라는 법률 등은 국가의 엄격한 사회질서법이 신앙을 지키기 위한 교회법으로 명령된 것입니다. 하지만 지금은 복음이 전세계로 확장되면서 다양한 민족들이 교회를 이루고 신자가 되었기 때문에 이스라엘 국가에게만 명령했던 사회법과 재판법들은 이제 중단되었습니다. 이에 관하여 웨스트민스터 신앙고백서 19장 4항은 이렇게 고백합니다.

"하나님께서는 정치 조직체인 이스라엘 백성에게 여러 가지 재판법들도 주셨다. 이 법들은 그 백성의 국가와 함께 폐지되었으며, 지금은 그것의 일반적 원칙 외에는 더 이상 지킬 의무가 없다."

예를 들면 "남자나 여자가 신접하거나 박수가 되거든 반드시 죽일지니 곧 돌로 그를 치라 그 피가 자기에게로 돌아가리라."(레 20:27)는 말씀은 구약의 무서운 형벌과 관련된 재판법입니다. 무당이나 귀신들린 사람을 돌로 쳐서 죽이라는 명령입니다. 지금은 이런 재판을 더 이상 행하지 않습니다. 하지만 교회를 다니는 성도들은 점집이나 타로, 귀신체험 등과 같은 일에 참여하지 않아야 하는 명령은 여전히 남아 있습니다.

셋째는 도덕법입니다. 도덕법은 영원히 지켜야 하는 하나님의 법을 말합니다. 의식법이나 재판법처럼 시대에 따라서 중단되거나 변하는 것이 아니라 모든 시대에 모든 사람들이 영원토록 지켜야 하는 하나님의 명령입니다. 이 도덕법이 십계명의 본질과 핵심입니다. 특히 의식법과 재판법의 외적인 명령은 중단됐지만 그 의미와 핵심적 내용은 도덕법으로 여전히 남아 있습니다. 따라서 우리는 각각의 의식법과 재판법의 내용이 어떻게 도덕법으로 남아 있는지를 부지런히 살펴야 합니다. 이에 관하여 웨스트민스터 신앙고백서 19장 5항은 이렇게 고백합니다.

"도덕법은 의롭다함을 받은 사람들뿐만 아니라, 불신자들에게도 영원히 순종해야 할 의무를 요구한다. 그것은 도덕법에 포함된 내용뿐만 아니라, 그 법을 주신 창조주 하나님의 권위의 관점에서 보더라도 그러하다. 그리스도께서도 복음 안에서 이 의무를 조금도 폐지하지 아니하시고 오히려 더욱 강화하셨다."

예를 들면, "원수를 갚지 말며 동포를 원망하지 말며 이웃 사랑하기를 네 몸과 같이 하라 나는 여호와니라."(레 19:18)는 말씀은 도덕법입니다. 이 표현은 변경되거나 중단될 필요가 없이 모든 시대에 누구에게나 그대로 적용될 수 있는 영원한 규칙들입니다. 이런 명령들은 문자 그대로 잘 지키면 됩니다.

2) 십계명의 사용 방법과 기능은 3가지가 있습니다.

십계명은 외형적 모습이 율법의 형태를 갖추고 있기 때문에 '율법'이라고 부르기도 합니다. 이 '율법'을 삶에 사용할 때는 보통 3가지의 방법과 기능으로 나눠서 적용합니다. 이것을 장로교회에서는 '율법의 용도', '율법의 기능'이라고 합니다.

첫째는 종교적 용도(죄의 정죄)입니다. 이것은 율법의 '1용도', '1사용', '1기능'이라고 합니다. 율법은 우리의 죄를 정죄하고 책망하여 예수 그리스도께로 인도하는 종교적인 기능이 있습니다. "이같이 율법이 우리를 그리스도에게로 인도하는 몽학선생이 되어 우리로 하여금 믿음으로 말미암아 의롭다 함을 얻게 하려 함이니라."(갈 3:24). 십계명은 우리의 죄가 얼마나 무섭고 비참한 것인지를 깨닫게 하고, 구원을 위해서 예수님을 찾게 하는 '정죄의 기능'이 있는 것입니다.

둘째는 사회적 용도(죄의 억제)입니다. 이것은 율법의 '2용도', '2사용', '2기능'이라고 합니다. 율법은 성도들뿐만 아니라 불신자까지 포함하여 모든 인간이 지켜야 하는 하나님의 위대한 명령입니다. 모든 사람의 마음속에는 '양심'이라는 것이 심겨져 있어서 더 많은 죄와 악행들을 행하지 못하도록 죄를 억제합니다. 바로 이 양심은 하나님이 만들어 주신 것이며, 양심에는 십계명의 기본 내용들을 스며들어 있도록 해 주셨습니다. 그 결과 십계명의 기본 내용을 품은 양심은 죄를 억제하는 역할을 합니다. "이런 이들은 그 양심이 증거가 되어 그 생각들이 서로 혹은 송사하며 혹은 변명하여 그 마음에 새긴 율법의 행위를 나타내느니라."(롬 2:15)

셋째는 성화적 용도(삶의 규칙)입니다. 이것은 율법의 '3용도', '3사용', '3기능'이라고 합니다. 율법은 죄를 지적하고 정죄하며 억제하는 기능도 있지만, 더욱 중요한 것은 성도에게 하나님의 뜻을 알려주기 때문에 삶에서 더욱 거룩할 수 있도록 돕는 '성화적 기능'이 매우 중요합니다. 즉, 십계명은 하나님이 기뻐하시고 원하시는 뜻을 배우는 삶의 규범이며 기준입니다. 이 때문에 장로교회는 성도들이 전 삶에서 십계명을 잘 이해하고 적용하면서 하나님의 말씀과 함께 살아가고 말씀을 따라서 살아가도록 교리문답에 이 십계명을 넣어서 가르쳤던 것입니다. 십계명은 신앙, 교회, 가정, 사회, 직업, 결혼, 국가, 세계와 관련된 모든 내용을 가르치고 있습니다. 매순간 우리는 이 십계명이 가르치는 내용을 따라서 삶을 선택하고 살아야 하나님의 도우심과 복을 받을 수 있습니다.

> "청년이 무엇으로 그 행실을 깨끗케 하리이까 주의 말씀을 따라 삼갈 것이니이다. 내가 전심으로 주를 찾았사오니 주의 계명에서 떠나지 말게 하소서, 내가 주께 범죄치 아니하려하여 주의 말씀을 내 마음에 두었나이다."(시 119:9-11)

> "이 예언의 말씀을 읽는 자와 듣는 자들과 그 가운데 기록한 것을 지키는 자들이 복이 있나니 때가 가까움이라."(계 1:3)

5. 십계명을 적용할 때 필요한 규칙은 무엇인가요?

십계명을 실제로 적용할 때는 몇 가지 원칙과 기준이 필요합니다. 왜냐하면 10개의 간단한 명령이지만 이 명령은 우리의 전 삶에 필요한 모든 내용들을 담고 있기 때문에 그 속에 풍성하게 담겨 있는 내용들을 이해하고 이끌어내기 위해서는 십계명이 가지고 있는 특징을 잘 이해할 필요가 있습니다. 웨스트민스터 대요리문답은 이 특징을 8개로 구별하여 가르쳐 주었습니다.

> "제99문: 십계명을 바로 이해하기 위해서는 어떠한 규칙들을 준수해야 하는가? 답: 십계명을 바로 이해하기 위해서는 다음의 규

칙들을 준수해야 한다.

① 율법은 완전하므로, 누구나 전인격적으로 그 의를 충분히 따르고 영원토록 온전히 순종하여 모든 의무를 철두철미하게 끝까지 완수하여야 하며, 무슨 죄를 막론하고 가장 작은 죄라도 금한다.

② 율법은 신령하므로, 말과 행동과 태도뿐만 아니라 이해와 의지와 감정과 기타 영혼의 모든 능력들에까지 미친다.

③ 다양한 관점에서 하나이며 동일한 것이 여러 계명들 가운데 요구되어지거나 금해지고 있다.

④ 어떤 의무를 행하도록 명하는 곳에는 그와 반대되는 죄를 금하고 있고, 어떤 죄를 금한 곳에는 그와 반대되는 의무를 명한 것이 함축되어 있다. 그러므로 어떤 약속이 덧붙여져 있으면 거기에는 그와 반대되는 경고가 포함되어 있으며, 어떤 경고가 덧붙여진 곳에는 그와 반대되는 약속이 포함되어 있다.

⑤ 하나님이 금하신 것은 언제라도 해서는 안 되며, 하나님이 명하신 것은 언제나 우리의 의무이다. 하지만 어떤 특수한 의무는 모든 시대에 행할 것은 아니다.

⑥ 한 가지 죄나 의무 아래 같은 종류의 죄를 모두 금하거나, 같은 종류의 의무를 모두 명령한다. 거기에는 그 모든 원인, 수단, 기회, 모양 및 그것들에 이르는 자극도 모두 포함한다.

⑦ 우리의 지위를 따라 우리에게 금하거나 명령된 일이라면, 다른 사람들도 그 지위와 의무에 따라서 이를 피하거나 행하도록 도와줄 의무가 우리에게 있다.

⑧ 다른 사람들에게 명령된 것도 우리의 지위와 사명에 따라 그들을 도와야 할 의무가 있고, 다른 사람들에게 금한 일에도 그들과 함께 동참하지 않도록 조심할 의무가 우리에게 있다."

성경을 바르게 이해하여 깨닫고 믿고 실천하면 "또 네가 어려서부터 성경을 알았나니 성경은 능히 너로 하여금 그리스도 예수 안에 있는 믿음으로 말미암아 구원에 이르는 지혜가 있게 하느니라. 모든 성경은 하나님의 감동으로 된 것으로 교훈과 책망과 바르게 함과 의로 교육하기에 유익하니"(딤후 3:15-16)는 말씀처럼 우리에게 구원의 은혜와 거룩한 삶을 줍니다. 이제부터 열심히 성경을 읽고 실천합시다.

성경론 요약표

핵심주제		내 용	
1. 성경의 권위	권위	성경의 무오성(오류 없음)	
	영감의 방법	유기적 축자 완전영감론	
2. 성경해석 방법	원칙	성경은 성경 그 자체로 해석	
	문자적	단어, 문맥, 의미를 찾기	
	역사적	구약과 신약의 문화와 역사적 배경이해	
	신학적	8대 교리(조직신학)에 기초한 해석	
3. 적용원리	십계명	성도의 생활 기준	
4. 성경 기초상식	권수	66권(구약39, 신약27)	
	기록	1600년(B.C. 1500년, A.D. 100년)	
	저자	약 40여 명	
	성경 종류	구약 창세기, 출애굽기, 레위기, 민수기, 신명기, 여호수아, 사사기, 룻기, 사무엘상/하, 열왕기상/하, 역대상/하, 에스라, 느헤미야, 에스더, 욥기, 시편, 잠언, 전도서, 아가, 이사야, 예레미야, 예레미야애가, 에스겔, 다니엘, 호세아, 요엘, 아모스, 오바댜, 요나, 미가, 나훔, 하박국 스바냐, 학개, 스가랴, 말라기 신약 마태복음, 마가복음, 누가복음, 요한복음, 사도행전, 로마서, 고린도전서/후서, 갈라디아서, 에베소서, 빌립보서, 골로새서, 데살로니가전서/후서, 디모데전서/후서, 디도서, 빌레몬서, 히브리서, 야고보서, 베드로전서/후서, 요한일서, 요한이서, 요한삼서, 유다서, 요한계시록	

신앙고백서 요약표

시대	신앙고백서 종류
초대교회	사도신경(1-2세기) 니케아 신조(325년) 니케아-콘스탄티노플 신조(381년) 칼케돈 신조(451년) 아타나시우스 신조(4-5세기)
종교개혁	제네바 교리문답(1537, 1542년) 제네바 교회법(1642, 1562년) 제1, 2스위스 신앙 고백(1536, 1566년) 프랑스 신조(1599년) 스코틀랜드 신조(1560년) 스코틀랜드 제1치리서(교회법 1560년) 스코틀랜드 제2치리서(교회법 1578년) 벨직 신조(1561년) 하이델베르크 요리문답(1563년) 도르트 신조(1619년) 웨스트민스터 예배모범(1645년) 웨스트민스터 정치모범(1645년) 웨스트민스터 신앙고백(1647년) 웨스트민스터 대요리문답(1648년) 웨스트민스터 소요리문답(1648년)
한국장로 교회	12신조(1907년)

두 번째 교리 **신론**
하나님은 누구신가요?

Q1 하나님이 정말 계신가요?

하나님이 정말 계신가요? 하나님을 볼 수 있나요? 하나님은 누구신가요? 하나님은 어떤 분인가요? 하나님은 언제부터 계신 분인가요? 하나님은 남자인가요? 아니면 여자인가요? 이런 질문들은 아주 간단해 보이지만 대답하기에 매우 쉽지 않은 것들입니다. 바로 기독교 교리의 두 번째 내용은 이런 질문들에 대답해 주면서 하나님께서 어떤 분이신지를 소개합니다.

성경은 소요리문답에서 "제5문: 하나님 한 분 외에 다른 신들이 있습니까? 답: 살아계시고 참되신 하나님은 오직 한 분이십니다."라고 고백하는 것처럼 하나님만이 살아계신 참된 신이시며, 유일하신 절대적 신이라고 가르칩니다. 이 고백은 십계명 중에서 첫째 계명인 "나 외에는 위하는 신들을 네게 있게 말지니라."(신 5:7)는 말씀에서 나온 것입니다. 한 마디로 이 세상에 많은 신들이 있는 것처럼 사람들은 말하지만 기독교의 하나님 외에는 모두 다 가짜라는 강력한 선언입니다.

기독교의 하나님만 진짜 신이기 때문에 하나님을 섬기지 않고, 예배하지 않는 불신앙, 미신, 우상숭배 등에 대해서 성경은 아주 무섭게 책망하고 있습니다. 하이델베르크 요리문답은 하나님을 믿지 않는 불신앙이 무엇인지를 말합니다. "제95문: 우상숭배란 무엇입니까? 답:

우상숭배란 자신의 말씀을 통하여 자신을 계시하신 유일하고 참되신 하나님 대신에 하나님과 동등하게 그 무엇을 신뢰하거나 만들어 소유하는 일입니다."

유일하신 하나님을 섬기지 않고 우상숭배하면 최후에 무서운 심판을 받게 될 것이라고 거듭 경고하고 있기에 우리는 성경이 말하는 하나님을 잘 이해하고 배워야 합니다. 특히 칼뱅은 제네바 교리문답 4문에서 "제4문: 왜 당신은 그것을 최상의 행복이라고 말합니까? 답: 왜냐하면 우리가 하나님을 알지 못하면 동물보다 더 비참하기 때문입니다."라고 주의를 줍니다. 즉, 하나님을 알지 못할 때 인간은 동물보다 더 비참하고 불행하다고 지적하며 반대로 하나님을 알 때 인간은 가장 행복해 질 수 있다고 말합니다.

성경에서는 하나님에 대해서 많은 이야기를 우리에게 전해 줍니다. 이 모든 내용을 정리해서 소요리문답은 아주 간략하게 하나님에 대해서 7개의 표현으로 소개했습니다. "제4문: 하나님은 어떤 분이십니까? 답: 하나님은 영이시며, 그의 존재와 지혜와 능력과 거룩과 공의와 선함과 진실은 끝이 없고, 영원하며, 변함이 없습니다." 이것은 소위 신론의 1:3:7 법칙이라고 말합니다.

첫째로 "하나님은 영이시다." 즉, 하나님은 눈에 보이지 않는 영적 존재이며, 특히 참되시고 유일하신 절대적인 신이라고 고백합니다. 둘째로 이 하나님은 영원, 무궁, 불변하신 절대적 신이시며, 동시에 셋째로 인간을 사랑하셔서 존재와 지혜와 능력과 거룩과 공의와 선함과 진실하심을 베푸시는 은혜로우신 분이라고 말합니다.

이처럼 하나님에 대해서 배우는 교리를 신론이라고 말하며, 신론은 하나님이 어떤 분이신지를 구체적으로 가르쳐 줍니다. 신학은 하나님을 아는 것을 목적으로 합니다. 칼뱅도 "기독교강요"를 '하나님을 아는 지식'으로 출발했고, 제네바 교리문답 제1문답도 '인생의 주요 목적은 무엇인가?'라는 물음에 '창조주와 구원주 하나님을 아는 것'이라고 답을 하고 있습니다. 앞서도 말했듯이 인간의 힘으로 하나님을 아는 지식을 가지는 것은 불가능합니다. 그러나 하나님은 우리를 사랑하시어 성경을 통해서 자신을 우리에게 가르쳐 주셨습니다. 이제 그 내용들을 탐구해 봅니다.

Q2 하나님은 어떤 이름들을 가지고 있나요?

하나님께 이름이 있을까요? 그 전에 하나님이 이름을 가질 필요가 있는가에 대해 생각해 보아야 합니다. 하나님은 처음이자 마지막이시며 (알파와 오메가) 모든 것의 주인이시기 때문에 하나님 스스로 이름이 필요치 않는 분이십니다. 다만 우리 눈으로 하나님을 볼 수 없기 때문에 연약한 우리를 생각하셔서 하나님께서 성경에 자신이 어떤 분이신지를 알 수 있도록 하나님의 성품을 나타내는 다양한 이름을 가르쳐 주셨습니다. 이런 이유로 성경에는 하나님을 가리키는 많은 이름들이 있습니다. 자, 어떤 이름들이 있는지 알아봅시다.

1. 여호와(야훼, Yahweh)

'여호와'는 사람들에게 가장 많이 알려진 이름입니다. 유대인들은 이 명칭을 부르기를 너무도 신성시했기 때문에 모음을 생력하고 자음(YHWH)만으로 하나님 이름을 표기했습니다. 그 때문에 이 단어를 어떻게 발음해야 하는지를 잃어버렸습니다. 기독교에서는 이 단어를 '여호와', 또는 '야훼'라고 부르는데 야훼보다는 여호와라는 발음이 더 오래 불려졌습니다.

이 이름의 유래는 출애굽기 3장 13-15절에 기초합니다. 모세는 떨기나무 불꽃 가운데 나타나신 하나님이 애굽에서 고통 중에 있는 자기 백성을 구출하려 할 때 무슨 이름으로 그들에게 하나님을 소개해야 하느냐고 묻자 하나님은 이름을 말하지 않고 "나는 스스로 있는 자"(I am who I am)라고 소개했습니다. 이것을 히브리어로 표기한 것이 여호와가 된 것입니다.

하나님께서 '스스로 계시다.'라는 말은 하나님이 어떤 분이신지를 잘 나타내 줍니다. 하나님은 누구에 의해서 만들어지거나 탄생하신 분이 아니라 처음부터 스스로 존재하신 분입니다. 하나님은 언제, 어디서 남자와 여자로 시작되신 분이 아니시며, 처음부터 전능하시고 절대적인 존재로 스스로 계신 위대한 신이십니다.

이후 이 이름은 이스라엘 백성에게 '언약의 하나님'을 지칭할 때 사용되었습니다. 하나님은 우리의 아버지가 되시며, 우리를 하나님의 자녀로 삼아 주시겠다는 약속을 세워 주신 분임을 강조하여 언약의 하나님이라 합니다. 그래서 여호와는 약속을 지키시는 신실하신 하나님, 우리의 아버지가 되어주신 선하신 하나님이란 뜻도 담기게 됐습니다. 두 개의 성경 구절을 살펴봅니다.

"그런즉 너는 알라 오직 네 하나님 여호와는 하나님이시오 신실하신 하나님이시라 그를 사랑하고 그 계명을 지키는 자에게는 천대까지 그 언약을 이행하시며 인자를 베푸시나이다."(신 7:9) "나 여호와가 말하노라 그날 후에 내가 이스라엘 집에 세울 언약은 이러하니 곧 내가 나의 법을 그들의 속에 두며 그 마음에 기록하여 나는 그들의 하나님이 되고 그들은 내 백성이 될 것이라."(렘 31:33)

[여호와와 관련된 기타 명칭들]

여호와 이레(창 22:14): 여호와께서 준비하신다.

여호와 샬롬(삿 6:24, 롬 5:1): 하나님을 찬양하다.

여호와 닛시(출 17:15, 시 60:4): 승리하시는 하나님

여호와 삼마(겔 48:35): 함께 거하시는 하나님

여호와 라파(출 15:26, 요일 1:9): 치료하시는 하나님

2. 엘로힘(Elohim)

'엘로힘'은 전능하시며, 절대주권을 가지신 하나님을 뜻합니다. 창세기에 있는 창조 기사에서 절대권능의 창조주를 소개하기 위해서 이 이름이 계속 사용됩니다. 모든 것을 아시고, 계획하시며, 모든 것을 원하시는 대로 이끄시며 통치하시는 하나님의 위대한 능력을 표현합니다. 구약에서는 여호와 다음으로 많이 사용된 이름입니다. 엘로힘의 어원은 보통 '엘'(El)이라고 합니다. 그래서 끝말에 엘이 붙으면 모두 하나님과 관련된 뜻입니다. 예를 들어 '이스라엘'은 '하나님과 겨루다'이고 '벧엘'은 '하나님의 집'이라는 뜻입니다.

[엘과 관련된 기타 명칭들]

엘 엘론(창 14:19-20, 시 7:35): **지극히 높으신 하나님**

엘 샤다이(창 17:1, 출 6:3): **전능하신 하나님**

엘 올람(창 21:31, 사 40:28): **영원하신 하나님**

엘 로이(창 16:13, 시 33:13-15): **감찰하시는 하나님**

3. 주(주님, Adonai)

'주'(主), '주님'(Lord)은 하나님이 온 세상의 재판장이시며 창조자이신 주인을 의미합니다. 하나님은 우주와 인간과 모든 피조물의 주인이시며, 우리가 복종해야 할 왕이며, 재판장이십니다. 하나님은 스스로 존재하시는 절대자이시지만 우리는 하나님이 창조를 통해서 만드신 피조물들입니다. 그래서 하나님의 우리의 주인이시며, 우리의 창조자이시며, 우리의 통치자이십니다.

대개 주 여호와, 주 만군의 여호와 등과 같이 여호와와 같이 사용되었습니다. 주는 통치와 다스리는 주님을 의미합니다. 그러므로 성경에서 '아도나이'는 변함없는 순종을 요구하시는 분으로 나타납니다. 이런 점에서 주님은 우리의 왕으로서 존경을 요구합니다(시 45:11). 나아가 절대적인 순종과 복종을 요구합니다(말 3:17-18).

이러한 주님에 대해 이사야 선지자는 다음과 같이 고백했습니다. "여호와 우리 하나님이시여 주 외에 다른 주들이 우리를 관찰하였사오나 우리가 주만 의뢰하고 주의 이름을 부르리이다."(사 6:13)

Q3 하나님은 어떤 성품을 가지고 있나요?

하나님께서도 우리처럼 마음을 가지고 계시나요? 하나님도 사랑하시며, 즐거워하시며, 기뻐하시나요? 네, 하나님께서도 인격적인 신이시기 때문에 마음을 가지고 계시며, 사랑하거나 기뻐하십니다. 이런 하나님의 마음을 교리에서는 '하나님의 성품'이라고 말합니다.

하나님은 어떤 성품을 가지신 분일까요? 우리는 다른 사람을 평가할 때 그의 겉모습도 보지만 더 중요한 것은 그의 성품, 인격, 됨됨이를 봅니다. 이것을 통해서 그 사람이 어떤 인물인지를 정확히 알 수 있습니다. 마찬가지로 성경에서도 하나님의 성품, 성격, 속성이라고 말할 수 있는 하나님의 고유한 특징들을 소개합니다.

하나님의 성품이란 하나님이 가지고 계시는 고유한 성질을 가리키며 이는 하나님의 존재와 동일하게 이해됩니다. 하나님은 눈에 보이시지 않기 때문에 성경은 이런 하나님의 성품들을 배우면 하나님께서 어떤 분이신지를 잘 이해할 수 있다고 말합니다.

하나님의 속성을 한 가지로만 설명할 수 없으며 각 속성 간에는 차등이나 구별 또한 없습니다. 개혁주의 신앙에서는 하나님의 성품을 두 가지로 나누어 소개합니다. 첫째는 인간의 성품과 다르게 하나님만이 절대적으로 고유하게 가지시는 성품(비공유적 성품)이고 둘째는 하나님이 인간에게도 나누어 주신 공통적인 성품을 말합니다(공유적 성품).

1. 하나님만이 가지고 계시는 절대적인 고유한 성품이 있습니다.

1) 스스로 존재하시는 성품(자존성/Self-Existence)

하나님은 '스스로 계신자'라고 앞서 언급했듯이 누구에 의해 만들어지거나 탄생된 분이 아닙니다. 하나님은 스스로 존재하시는 살아계신 절대적인 참된 신이십니다. 모든 피조물은 존재의 근거를 자신에게서 찾을 수 없습니다. 피조물의 근거는 창조주에게 있습니다. 그러나 창조주이신 하나님은 자신의 존재의 근거를 그 자신에 가지며 그 자신이 원인이십니다. 인간이나 다른 피조물은 그 존재의 근거를 자신밖에 가지는 의존적 존재이지만 하나님은 홀로 독립적인 존재이십니다.

하나님은 자신의 이름을 묻는 모세에게 "나는 스스로 있는 자"(출 3:14)라고 하였습니다. 이 말씀으로 인해 이후 하나님은 이스라엘 백성들로부터 '여호와'라는 호칭으로 불리어졌는데, 이 이름은 바로 스스로 존재하시는 성품을 표시합니다. 나아가 하나님은 어제도 계시고 지금도 계시고 영원토록 계시는 분이십니다. 다윗은 "하나님은 만물 이전에 계셨고 만물은 그로 말미암아 지은 바 되셨다."(시 90:2)고 말했습니다.

2) 영원히 변하지 않으심(불변성/Immutability)

하나님의 전능하심은 세상에서 일어나는 모든 역사를 원하시는 대로 뜻하시고 계획하시며 만드실 수 있습니다. 성경은 이런 하나님의 위대하심을 '작정', '결정'이라고 표현합니다. 전능하신 분이 계획하고 결정하신 일이기 때문에 두 번이나 세 번 바꿀 필요가 없습니다. 하나님은 그 어떤 것에 영향을 받으시는 분이 아니며, 하나님의 완전하신 뜻은 영원토록 변하지 않으십니다. 민수기 23장 19절은 "하나님은 인생이 아니시니 식언치 않으시고 인자가 아니시니 후회가 없으시도다 어찌 그 말씀하신 바를 행치 않으시며 하신 말씀을 실행치 않으시랴."
고 하여 하나님의 불변하심에 대해 분명하게 증거하고 있습니다.

> "이스라엘의 지존자는 거짓이나 변개함이 없으시니 그는 사람이 아니시므로 결코 변개하지 않으심이니이다."(삼상 15:29)

> "천지는 없어지려니와 주는 영존하시겠고 그들도 다 옷같이 낡으리니 의복같이 바꾸시면 바뀌려니와 주는 여상하시고 주의 연대는 무궁하리이다."(시 102:26-27)

> "하나님의 은사와 부르심에는 후회하심이 없느니라."(롬 11:29)

물론 성경은 "내가 사울을 세워 왕 삼은 것을 후회하노니"(삼상 15:11)라는 말씀처럼 하나님의 뜻이나 성품이 변하는 것처럼 표현한 곳도 있습니다. 그러나 이것은 하나님의 본래의 성품과 결정이 변한 것이 아니라 인간을 대하실 때 인격적으로 행동하시기 때문에 인간이 선과 악을 행할 때 여기에 대한 하나님의 통치와 다스림 속에서 나타나는 특별한 모습입니다. 하나님의 마음과 뜻을 인간에게 좀 더 적극적이고 역동적인 모습으로 느낄 수 있게 해 주기 위해서 사용하시는 인격적 통치방식입니다.

3) 가장 크시고 높으신 하나님(무한성/Infinity)

하나님이 크시고 헤아릴 수 없다는 것은 어떤 용량에 관한 것입니다. 모든 그릇이나 용기는 자신이 담을 수 있는 크기가 한정되어 있습니다. 이것을 인간의 지식에 비유하면 모든 인간은 크기가 작고 제한된 지식의 그릇입니다. 그러나 하나님은 크시고 헤아릴 수 없는 용량을 가지신 분이십니다. 성경은 하나님의 위대하심을 이렇게 표현하기도 합니다.

담기는 양이 다 채워지면 이 상태를 충만으로 표현합니다. 하나님은 헤아릴 수 없이 충만하신 분이십니다. 하나님은 어떤 모양으로든지 하나님 자신 외의 어떤 것으로부터 제한을 받거나 피조물 내에 한정되지 않으십니다. 다시 말해 하나님은 제한적이고 한계가 있는 용량이 아니십니다.

예를 들면, 우주를 생각해 봅시다. 지구에서 태양계의 끝인 명왕성에 이르기까지 60억km이며 좀더 먼 프록시마 행성까지 40조km이며, 이런 태양계가 1,000억 개 이상 존재하면 은하계라고 하는 데 그런 은하계가 또 수천 억 개가 존재합니다. 우주의 끝은 과연 어디까지일까요? 도무지 그 크기를 추측하거나 헤아릴 수 없습니다. 그런데 성경은 이 우주를 창조하신 분이 하나님이시라고 합니다. 하나님은 얼마나 크고 높으신가요? 도저히 헤아릴 수 없는 무한하신 분입니다.

> "여호와는 위대하시니 크게 찬양할 것이라 그의 위대하심을 측량하지 못하리로다."(시 145:3)

"깊도다 하나님의 지혜와 지식의 풍성함이여 그의 판단은 헤아리
지 못할 것이며 그의 길은 찾지 못할 것이로다."(롬 11:33)

4) 영원히 존재하심(영원성/Eternity)

무한하심이 용량에 관한 것이라면 영원하심은 시간적인 측면에서 가지는 하나님의 성품입니다. 먼저 하나님은 시간이라는 굴레에 자신을 묶어두신 분이 아니십니다. 하나님은 시간 밖에 계신 초시간적인 분입니다. 오히려 성경은 하나님께서 자신이 기뻐하신 때 창조를 통해서 시간을 만드셨다고 말씀합니다. 즉, "주 하나님이 이르시되 나는 알파와 오메가라 이제도 있고 전에도 있었고 장차 올 자요 전능한 자라 하시더라."(계 1:8)는 말씀처럼 하나님은 존재하심의 시작과 끝이 없으시다는 것입니다.

하나님은 시간, 양, 수의 한계가 없으신 분입니다. 하나님은 단지 자신의 생각들과 계획을 인간에게 알려주기 위해 시간을 사용하실 뿐입니다. 하나님은 시간이 없는 영원한 세계에서 창조를 통해 시간을 만드셨고, 언젠가 시간도 곧 최후심판을 통해서 끝이 나고 다시 영원한 세계가 지속됩니다. 성경은 하나님의 영원하심에 대해 여러 가지로 표현하고 있지만 인간의 언어로 이를 정확히 묘사하기엔 역부족입니다.

"산이 생기기 전, 땅과 세계도 주께서 조성하시기 전 곧 영원부터
영원까지 주는 하나님이시니이다."(시 90:2)

"주의 보좌는 예로부터 견고히 섰으며 주는 영원부터 계셨나이다."(시 93:2)

"이 일을 누가 행하였느냐 누가 이루었느냐 누가 처음부터 만대를 불러내었느냐 나 여호와라 처음에도 나요 나중 있을 자에게도 내가 곧 그니라."(사 41:4)

5) 모든 곳에 계심(편재성/Omnipresence)

하나님은 영이시며, 가장 위대하시고 크시고 절대적인 무한한 분이시기 때문에 이 세상과 온 우주 전체에 계십니다. 하나님의 무한하심을 장소에 대입하면 하나님은 어떤 장소나 공간적인 한계에 제한되지 않으시는 분이라고 말합니다. 하나님은 우리의 마음속에도 우주 저 멀리에도 계십니다. 온 우주 만물 모든 곳에 계실 수 있는 분입니다. 이를 어려운 말로 편재성 혹은 무소부재성(無所不在性)이라 합니다. 즉, 하나님은 온 우주 어디에도 안 계신 곳이 없다는 말입니다.

이 말의 뜻은 모든 곳에 동시에 계시며, 계시지 않는 곳이 없다는 것입니다. 마치 햇빛이 비추일 때 내가 사는 동네에만 비추는 것이 아니라 산 너머 동네와 바다 건너 동네에도 동시에 비추는 것과 같은 이치입니다. 모든 곳이 하나님의 거처이며 어떤 곳이라도 하나님은 제한을 받지 않으시고 나타나시고 다니시며 임재하십니다. 하나님을 피하여 인간이 숨을 수 있는 곳은 아무 곳도 없는 것입니다.

"여호와의 말씀이니라 사람이 내게 보이지 아니하려고 누가 자신을 은밀한 곳에 숨길 수 있겠느냐 여호와가 말하노라 나는 천지에 충만하지 아니하냐."(렘 23:24)

"내가 주의 신을 떠나 어디로 가며 주의 앞에서 어디로 피하리이까, 내가 하늘에 올라갈지라도 거기 계시며 음부에 내 자리를 펼지라도 거기 계시니이다."(시 139:7-8)

6) 오직 유일하신 하나님(유일성/Oneness)

하나님만이 홀로 유일하신 참된 신이십니다. 하나님 외에 다른 신은 있을 수 없습니다. 수많은 신들이 있는 것이 아니라 성경에서 말하는 신은 "이것을 네게 나타내심은 여호와는 하나님이시오 그 외에는 다른 신이 없음을 네게 알게 하려 하심이니라."(신 4:35)는 말씀처럼 하나님 한 분만이 존재합니다. 만약 하나님 외에 다른 신이 있다면 그 존재를 창조한 존재를 또 말해야 합니다. 하나님은 시작이자 마지막이십니다. 모든 다른 존재들은 하나님에게서, 하나님을 통하여, 하나님에게로 향하고 존재합니다. 하나님은 천지의 창조주이시며, 만물의 소유자시며 심판자이시며 통치자이십니다.

"너는 나 외에는 다른 신들을 네게 두지 말라."(출 20:3)

"나 곧 나는 여호와라 나 외에 구원자가 없느니라. 내가 알려주었으며 구원하였으며 보였고 너희 중에 다른 신이 없었나니 그러므로 너희는 나의 증인이요 나는 하나님이니라. 여호와의 말씀이니라."(사 40:11-12)

"우주와 그 가운데 있는 만물을 지으신 하나님께서는 천지의 주재시니 손으로 지은 전에 계시지 아니하시고, 또 무엇이 부족한 것처럼 사람의 손으로 섬김을 받으시는 것이 아니니 이는 만민에게 생명과 호흡과 만물을 친히 주시는 이심이라."(롬 17:24-25)

2.   인간과 공유하는 성품이 있습니다.

1) 영적인 부분

① 하나님의 영(Spirit)

하나님은 인간처럼 물질적인 육체를 가지신 분이 아니십니다. 성경이 "하나님은 영이시니"(God is spirit, 요 4:24)라고 말하듯이 하나님은 생명과 인격을 가지고 계신 영적 존재이십니다. 이 영적인 특성은 사랑하고 기뻐하며 즐거워하는 인격적 모습입니다. 인간의 영혼도 같은 속성을 가집니다. 인간의 영혼에는 사랑하고 기뻐하는 생명과 인격이 담겨 있습니다. 바로 이 부분에서 인간의 영혼은 다른 동물들과는 차원이 다릅니다.

하나님은 영이시므로 성경은 인간의 눈으로는 하나님을 볼 수 없다고 말합니다. 마찬가지로 인간의 영적인 부분도 볼 수 있는 부분이 아닙니다. 그럼에도 인간에게 영혼이 존재한다는 사실을 부정하지 못합니다. 영혼이 있기에 생각하고 영원을 사모하고 사랑합니다. 이런 영혼의 모습을 우리는 '마음'이라고 표현하기도 합니다.

하지만 창세기 32장 30절에 "야곱이 그 곳 이름을 브니엘이라 하였으니 그가 이르기를 내가 하나님과 대면하여 보았으나 내 생명이 보전되었다 함이더라."는 말씀처럼 성경의 어떤 부분은 마치 하나님의 모습을 직접 본 것과 같이 말하기도 합니다. 그러나 이 표현은 하나님의 모습을 눈으로 직접 봤다라는 의미가 아니라 하나님의 함께하심, 즉 임재를 느끼고 경험했다는 말입니다.

모세도 하나님께 하나님 자신을 보여 달라고 요청했지만 하나님은 직접적인 하나님의 모습을 보여주지 않고 함께 하심의 충만함만을 나타내 주셨습니다. "네가 내 얼굴을 보지 못하리니 나를 보고 살 자가 없음이니라. 여호와께서 가라사대 보라 내 곁에 한 곳이 있으니 너는 그 반석 위에 섰으라. 내 영광이 지날 때에 내가 너를 반석 틈에 두고 내가 지나도록 내 손으로 너를 덮었다가, 손을 거두리니 네가 내 등을 볼 것이요 얼굴은 보지 못하리라."(출 33:20-23). 이외 대부분의 사람들도 간접적인 방식, 즉 천사나 구름, 표징 등을 보았을 뿐이지 영이신 하나님을 직접 본 것은 아닙니다.

② 하나님의 영광(Glory)

하나님의 영광이라는 것은 하나님의 장엄하심과 존귀하심, 높으심, 귀하심, 아름다우심 등을 뜻합니다. 하나님은 자신의 고유하고 위대하며 아름다운 영광을 인간에게 나누어 주셔서 모든 인간은 다른 피조물보다 더 귀하고 아름다운 존재이며 감히 다른 피조물이 접근할 수 없는 영광스러운 존재로 만들어 주셨습니다. "사람이 무엇이관대 주께서 저를 생각하시며 인자가 무엇이관대 주께서 저를 권고하시나이까, 저를 천사보다 조금 못하게 하시고 영화와 존귀로 관을 씌우셨나이다."(시 8:4-5)

2) 지적인 부분

① 모든 것을 알고 계심(전지성/Omniscience)

하나님은 우주 만물 속에 일어나는 모든 것을 알고 계십니다. 또한 인간의 수많은 생각도 전부 알고 계십니다. 시편 139장 1-3절에서 "여호와여 주께서 나를 감찰하시고 아셨나이다. 주께서 나의 앉고 일어섬을 아시며 멀리서도 나의 생각을 통촉하시오며, 나의 길과 눕는 것을 감찰하시며 나의 모든 행위를 익히 아시오니"라고 말하듯이 하나님은 모르는 것이 없이 다 알고 계시는 분입니다. 하나님의 이런 전지성은 오직 인간에게만 나누어 주신 하나님의 속성입니다. 왜냐하면 인간은 이성이라는 성품을 갖고 있으며, 이 이성의 기능은 모든 동물과 피조물보다 인간을 더욱 높은 존재로 만듭니다. 어떤 피조물도 인간만큼 지성을 가지고 있는 존재는 없습니다.

② 하나님의 지혜로우심(지혜/Wisdom)

하나님은 지극히 지혜로우신 분이기 때문에 온 세상의 모든 일을 가장 선하고 바르게 통치하십니다. "여호와여 주의 하신 일이 어찌 그리 많은지요 주께서 지혜로 저희를 다 지으셨으니 주의 부요가 땅에 가득하니이다."(시 104:24)라는 말씀처럼 하나님은 우리의 모든 삶을 지혜롭게 인도해 주십니다. 그래서 우리는 지혜의 하나님을 의지 할 수록 큰 위로와 안전함이 있는 것입니다.

지혜와 지식은 서로 밀접한 관계이나 같은 것은 아닙니다. 지혜라 함은 어떤 상황에서 구체적인 목적을 위해 사용하는 지식의 능력입니다. 지식을 가지고 있다고 하여 모두가 지혜롭다고 말할 수 없습니다. 지식은 때와 장소와 대상에 알맞게 적용되고 이해되어져야 합니다. 즉 지혜가 있어야 지식이 빛이 납니다.

하나님은 지혜롭다고 할 때 목적을 성취하기 위해 자기의 지식을 사용하시되 자기를 가장 영화롭게 하는 방식으로 하십니다. 하나님은 당신의 지혜를 창조와 구원과 섭리의 방편으로 사용하셨습니다. 또 하나님의 지혜는 십자가에(고전 1:18), 그리스도 안에(고전 1:24), 교회에(엡 3:10), 이스라엘과 이방을 위한 다스림(롬 11:33) 등에 사용하셨습니다.

이 같은 지혜를 인간에게 나누어 주신 것은 인간이 하나님께 영광을 돌리고 이웃을 사랑하고 세상 가운데에서 빛과 소금의 사명과 역할을 잘 감당하기 위해 가장 지혜로워야 한다는 뜻이 담겨 있습니다.

③ 하나님의 진실하심(진실성/Truth)

하나님은 진실하신 분이라는 것은 두 가지 의미를 가집니다. 하나는 다른 거짓된 신들과는 확연하게 다른 진실된 유일한 참된 신이라는 뜻이고, 다른 하나는 하나님 스스로 세우신 목적에 신실하신 분이라는 뜻입니다.

'여호와'라는 명칭은 죄나 악이 전혀 없는 성실하신 하나님을 말합니다(신 32:4, 시 31:6, 대하 15:3). 다시 말해 '여호와'라는 이름은 모든 거짓된 신들과 우상들에 반해 살아계시며 자신의 약속을 철저히 지키시는 성실하신 참 하나님(신 32:21)을 의미합니다. 하나님의 진실함은 하나님이 도덕과 윤리, 종교와 학문 등 모든 진리의 원천이 되심을 보여 주십니다.

하나님은 진실하신 분이시기에 우리가 믿고 의지하며 그분의 명령을 따르는 것입니다. 우리도 마찬가지입니다. 우리가 진실하지 못하면 다른 사람으로부터 신뢰를 받을 수 없습니다. 거짓으로는 어떤 진리도 발견하지 못하며 참된 삶을 살 수 없습니다. 성경은 마귀는 거짓의 아비라고 비판하고 있습니다(요 8:44).

3) 도덕적인 부분

① 하나님의 선하심(Goodness)

하나님은 완전하신 분으로 이 세상에 하나님 이외에 선하신 분이 없습니다(막 10:18, 눅 18:19). 하나님은 절대적인 선이시며 '최고선'(the highest good)이십니다. 그러므로 "너희는 여호와의 선하심을 맛보아

알지어다 그에게 피하는 자는 복이 있도다."(시 34:8)라는 말씀처럼 하나님은 모든 윤리와 도덕과 선행의 원천이십니다.

하나님은 완전한 선이시기에 영원히 복을 주시는 분이십니다. 하나님은 자신의 선하심을 인자와 자비와 긍휼과 오래 참으심으로 나타냅니다. 하나님은 자기 백성을 향한 특별한 호의를 베푸십니다. 하나님은 인자하심으로 주를 사랑하고 주의 계명을 지키는 자에게 언약을 지키시며 긍휼을 베푸십니다(느 1:5). 하나님은 그리스도 안에서 인자하심을 풍성히 나타내십니다(롬 2:4, 고후 10:1, 골 3:12). 하나님의 선하심은 비참한 상태에 있는 자기 백성들에게 자비와 긍휼의 은혜를 주십니다(출 34:6, 신 4:31, 시 103:8). 하나님은 선하신 분이기에 모든 사랑으로 우리를 대하시는 것입니다. 우리도 이런 사랑을 받은 만큼 이웃을 사랑해야 합니다.

② 거룩하심(Holiness)

거룩이라 함은 함부로 침범하거나 다가설 수 없는 두렵고 떨리는 구별됨을 말합니다. 하나님은 거룩하시기에 그의 위엄은 모든 피조물과 구별된 것입니다. 출애굽기 28장 43절에서 "아론과 그 아들들이 회막에 들어갈 때에나 제단에 가까이하여 거룩한 곳에서 섬길 때에 그것들을 입어야 죄를 지어서 죽지 아니하리니"라고 말씀하듯이 본질상 하나님과 그의 피조물은 구별됩니다. 피조물은 거룩한 존재가 아닙니다. 오직 하나님만이 특별한 목적을 위해 그들을 거룩할 수 있도록 구별하십니다. "나는 너희를 거룩하게 하는 여호와"라고 말씀하십니다(

출 31:3, 레 20:8, 겔 20:12).

하나님이 거룩한 것으로 구별한 것들이 있습니다. 하나님은 이스라엘을 땅에 있는 모든 나라들로부터 구별하시었습니다. 하나님은 이스라엘 백성을 당신의 백성으로 구별하시었습니다. 그러므로 이스라엘이 거룩한 것은 하나님이 이스라엘을 자기의 소유로 삼으시고 그들 가운데 거하시고 하나님이 저희의 하나님이시기 때문입니다. 하나님은 또 가나안 땅을 거룩한 곳으로 선정했습니다. 이외 안식일을 거룩하게 하시었고 구약의 제사와 제물과 제사도구와 성전과 헌금 등도 구별하시었습니다.

이제 하나님은 우리에게 "내가 거룩하니 너희도 거룩하라."(벧전 1:15)고 명령하셨습니다. 이 명령을 지키지 않을 때 하나님은 종종 우리를 책망하십니다. 이스라엘이 율법을 범할 때에 벌을 받았습니다. 즉, 하나님의 거룩은 구원과 찬양의 원리이지만 범죄자에겐 두려움과 심판의 원리가 됩니다.

이런 거룩함은 성도들에게도 연결됩니다. 교회는 건물이 아니라 거룩한 백성으로 택함 받은 성도들이며, 죄에서 완전히 해방되고 정결케 되어 영원히 하나님께 드려진 성도들입니다. 죄 사함을 받은 '거룩한 백성'을 줄여서 '성도'라고 하는 것입니다.

③ 의로우심(Righteousness)

의롭다는 말은 법적으로 흠이 없는 상태를 말합니다. 또 의인이라 함은 법적으로 고소를 당할 이유나 근거가 없는 무죄한 사람을 가리킵니다. 그러나 이 세상에서 하나님 외에 의로운 분은 없습니다. 하나님은 완전한 의를 가지신 분이십니다. 이것으로 하나님은 모든 죄인을 심판하실 권한을 가지십니다. 흠이 있거나 불완전한 존재는 다른 존재를 판단하거나 재판하지 못합니다. 오직 하나님만이 세상 만물과 만사의 재판장이 되십니다(창 18:25).

하나님은 악인과 의인을 그들의 행한 일에 따라서 대하십니다. 하나님은 악인을 그의 진노로 다스리시고 의인은 모든 복으로 보상하십니다. 이것이 공평한 공의입니다. 악인이든 의인이든, 죄를 지은 자이든 무죄한 자이든 아무런 구별이 없이 대하는 것은 하나님의 공의가 아닙니다.

하나님은 죄인에 불과했던 우리를 그리스도의 십자가 희생으로 말미암아 구원하시고 믿음으로 우리를 의롭다 칭하여 주었습니다(롬 1:17, 갈 2:16, 요일 1:9). 이것은 우리가 의를 갖추었기에 그렇다는 것이 아니라 하나님이 그렇게 인정하고 받아들여 주셨기에 의로운 존재로 대접받는 것입니다. 이것은 무조건적으로 베푸시는 하나님의 은혜입니다.

4) 의지적인 부분

① 절대주권적 의지(A Sovereign Will)

주권이란 자신에게 모든 권한, 능력, 권리가 주어졌다는 것을 말합니다. 모든 것은 하나님의 절대 주권적 의지에서 비롯된 것입니다. 창조와 보존, 통치, 그리스도의 구속, 선택과 유기, 중생, 성화, 성도의 고난, 심지어 지극히 작고 가치가 없는 것 까지도 다 하나님의 주권적 의지의 결과입니다.

하나님은 완전하신 분이시기 때문에 하나님이 하신 모든 일은 완전하고 불변하며 아무도 이에 대하여 문제를 제기할 수 없습니다. 누구를 선택하고 누구를 버린다고 할지라도 그것은 하나님의 주권적 의지에 속한 일입니다. 바울은 이것을 도자기와 그 주인의 이야기에 비유했습니다. 도자기 주인은 쓸모없다고 생각하는 도자기를 깨트릴 수 있습니다. 주인에게는 주인 되는 권리가 있는 것입니다. 또한 하나님은 모든 피조물의 주인이신데 인간에게 만물을 다스리고 정복할 수 있는 주권을 맡겨주시고 나눠주셨습니다.

② 자유의지(Free Will)

하나님은 모든 일을 행하실 때 가장 자유로운 의지를 갖고 계십니다. 하나님은 "오직 우리 하나님은 하늘에 계셔서 원하시는 모든 것을 행하셨나이다."(시 115:3)라는 말씀처럼 자신의 피조물을 향해 그 기쁘신 뜻대로 모든 것을 행하십니다(잠 21:1, 단 4:35). 하나님은 자신의 의지를 행사하실 때 누구의 도움이나 억압을 받지 않으시고 스스로 원하시는 것을 자유롭게 행사하십니다. 만물은 절대적으로 하나님의 자유의지에 의존합니다(계 4:11). 사람은 하나님이 하시고자 하는 일에 반대할 아무런 권한을 가지고 있지 않습니다.

타락하기 전 인간은 가장 완전한 자유의지를 받았습니다. 그리하여 인간은 스스로 자신의 행동을 선택할 주권을 가졌습니다. 그러나 타락 후 인간은 죄에 빠져 악을 행하며 사단에게 종노릇하는 노예적 의지로 변질되었습니다. 하지만 하나님은 인간에게 어느 정도 의지를 남겨 두셨습니다. 따라서 선한 의지의 사용은 축복과 보상을, 악한 의지의 선택은 고난과 심판을 받습니다.

Q4 하나님은 세 분인가요? 한 분인가요?

1. 삼위일체에 관해 바르지 못한 이해는 무엇인가요?

기독교는 삼위일체 하나님을 믿습니다. 이 신앙고백은 하나님께서 유일하신 한 분 하나님이시며, 동시에 성부, 성자, 성령 하나님이심을 믿는 삼위일체 하나님에 대한 고백을 의미합니다. 어떻게 이런 고백을 할 수 있죠? 이 말은 한 분이 세 분이라는 말인가요? 아닙니다. 하나님은 한 분이시며, 동시에 삼위(三位, persons)라는 뜻입니다.

이 삼위일체 내용은 매우 어려운 내용입니다. 이성적으로 과학적으로 수학적으로 설명할 수 없는 기독교의 신비입니다. 이성적으로 쉽게 이해되지 않는 이유는 성경이 삼위일체 하나님을 마치 수학적으로 '1=3'이라고 말하는 것처럼 보이기 때문입니다. 하나님은 한 분이라고만 말해서도 안 되며, 반대로 하나님은 세 분만 있는 것처럼 말해서도 안 됩니다. 성경이 말하는 하나님은 한 분이시며, 동시에 성부와 성자와 성령 하나님이신 삼위 하나님을 말하고 있습니다.

우리의 선조들은 이 내용을 '삼위일체'라고 신앙고백서에 표현했습니다. 하나님을 왜 이렇게 어렵게 표현해야 하나요? 좀 더 쉽게 표현할 수는 없나요? 우리는 일부러 하나님을 어렵게 표현하는 것이 아닙니다. 하이델베르크 요리문답은 그 이유를 성경이 그렇게 말하기 때문이라고 고백합니다. "제25문: 하나님은 오직 한분이라 하면서 왜 삼위(三位), 즉 성부 성자 성령을 말합니까? 답: 하나님께서 말씀으로 자신을 그렇게 계시하셨기 때문입니다. 이 삼위(三位)가 곧 유일하고 참되고 영원한 하나님이십니다."

많은 사람들이 삼위일체를 쉽게 표현해 보려 다양한 비유와 예를 들어 보기도 했지만, 오히려 이런 비유들이 하나님에 대한 이해를 더 어렵게 만들었습니다. 어떤 분들은 그림으로 그려서 하나의 머리에 다른 머리가 셋 달린 것처럼 설명하기도 하고, 하나의 원 안에 셋이 나눠져 있기도 하며, 세 개의 원을 합쳐서 하나의 원처럼 표현하기도 합니다. 모두 잘못된 설명들입니다. 또 어떤 비유들은 아주 위험한 이단적인 설명이 되기도 합니다. 특히 조심해야 할 이단적 설명 2가지는 꼭 알고 있어야 합니다. 첫째는 종속론이고, 둘째는 양태론입니다.

1) 종속론적인 설명(삼위의 계급적 순서 강조)

'종속론'이란 성부 하나님만이 유일한 신이고, 성자와 성령은 피조물이라고 설명하는 것입니다. 이들은 비록 성경에서 성자와 성령을 하나님처럼 표현하기도 하지만, 이런 표현은 성자와 성령이 진짜 하나님이기 때문이 아니라 성부가 이들을 하나님처럼 대우해 주기 때문이라고 합니다. 초기 교회시대에 아리우스(Arius)가 주장했는데 21세기까지 영향을 끼치고 있습니다.

이들은 삼위를 말하기는 하지만 성부가 제일 높고 성자와 성령은 신이 아니기 때문에 성부보다 낮은 단계라고 주장합니다. 즉, 삼위 하나님 사이에 계급적인 등급이 있다고 말하는 것입니다. 결국 이런 주장은 삼위 하나님을 믿지 않고 한 분 하나님만을 강조하는 형태입니다.

2) 양태론적인 설명(삼위의 형태만 강조)

'양태론'이란 한 분 하나님께서 구약에서는 성부의 모양으로, 신약에서는 성자의 모양으로, 오늘날에는 '성령'의 모양으로 나타난다는 설명입니다. 즉, 하나님은 한 분만 계시고 단지 여러 시대와 장소에서 다양한 모습과 모양으로 형태만 달리 나타나신다는 주장입니다. 초기 교회시대에 사벨리우스(Sabellius)라는 사람이 주장한 후 21세기까지 가장 많은 영향을 끼치고 있습니다.

이런 주장은 주로 신비주의와 체험을 강조하는 교회들에서 많이 나타납니다. 성부와 성자의 시대는 지나갔고 이제는 성령 하나님의 모양으로 역사하는 시대이기 때문에 성도들은 다양한 신비체험을 하는 것이 중요하다고 말합니다. 양태론을 말하는 사람들은 여러 비유로 이것을 설명합니다. 대표적으로 내가 부모님에게는 '아들'이며, 아내에게는 '남편'이며, 자녀들에게는 '부모'의 모양을 나타내는 것과 같다고 합니다. 또한 태양과 태양에서 나오는 빛과 불은 하나이면서 모양만 다른 형태이기 때문에 삼위일체도 이런 모양이라고 말합니다. 이 외에 물, 얼음, 수증기로 설명하기도 하는 데 모두 양태론적 설명이기 때문에 사용하지 말아야 합니다.

2. 삼위일체의 바른 이해는 무엇인가요?

삼위일체의 바른 표현은 한 하나님 안에 성부와 성자와 성령 하나님이 계신다고 말하는 것입니다. 즉, "하늘에서 증거 하는 이가 셋이니, 성부과 성자와 성령이신데, 이 셋이 하나이니라."(KJV 요일 5:7)는 말씀처럼 한 하나님과 삼위 하나님을 함께 생각하고 말하는 것입니다. 어느 한 쪽만 강조하지 말고 한 분 하나님과 삼위 하나님을 균형 있게 말하고 표현하는 것이 중요합니다.

　　삼위일체 신앙은 삼위(三位) 그 자체가 일체(一體)이시고, 일체(一體)가 삼위이신, 유일하신 하나님을 믿는 것입니다. 즉, 하나님은 한 분이시면서 동시에 삼위(성부, 성자, 성령)하나님 이시라는 뜻입니다. 이 말은 "한 하나님이 셋이다."라고 표현하면 안 되고, "한 분 하나님은 삼위다."라고 표현해야 합니다. 인간이 가지고 있는 언어가 부족하기 때문에 성경의 삼위일체를 표현할 때는 항상 주의하고 조심해서 말해야 합니다.

종교개혁 시대에 칼뱅 목사님은 제네바 교리문답에서 삼위일체를 간략하게 설명해 주었습니다. "제19문: 하나님은 오직 한 분뿐이신데 당신은 왜 아버지(성부), 아들(성자), 성령(성령)을 말하고 있습니까? 답: 우리는 단 하나의 신적 본질 안에서 만물의 시작, 기원 그리고 제일 원인이신 아버지와 영원한 지혜이신 아들과 모든 피조물 위에 부어지시기는 하나 언제나 당신 자신 안에 거하시는 하나님의 힘과 능력이신 성령님을 고찰해야 하기 때문입니다."

초대교회 때 어거스틴 목사님은 "3이 1보다 크지 않고 1은 3보다 결코 작지 않다."라고 이 신비를 수학적으로 표현하기도 했습니다. 또한 칼뱅 목사님은 한 분 하나님과 삼위의 균형 있는 고백을 강조하기 위해서 다음과 같이 말씀하셨습니다. "나는 즉시 삼위의 광채에 둘러싸이지 않고는 한 하나님을 상상할 수 없다. 또한 곧바로 한 하나님을 생각하지 않고는 삼위를 분별할 수도 없다.", "하나님께서는 자신이 한 분이시라는 것을 말씀하시는 동시에 명백하게 자신이 삼위(성부, 성자, 성령)로 생각되어야 한다고 주장하신다."

하나님을 한 분이라고만 강조하면 성부만 제일 높으신 분으로 생각하고 예수님을 피조물처럼 여겨 십자가에 처형한 유대주의(유태인)에 빠집니다. 그러나 반대로 삼위이신 성부, 성자, 성령 하나님만을 강조하면 하나님이 마치 세 분이나 여러 분 계신 것처럼 오해될 수 있습니다. 따라서 정통 기독교는 어느 한쪽으로 치우치지 않고 한 하나님과 삼위 하나님을 균형 있게 고백하고 가르쳤습니다.

3. 하나님은 유일하신 한 분이십니다.

성경은 우리에게 하나님은 오직 한 분이심을 가르칩니다. 신명기 6:4-5에서 "이스라엘아 들으라 우리 하나님 여호와는 오직 하나인 여호와시니, 너는 마음을 다하고 성품을 다하고 힘을 다하여 네 하나님 여호와를 사랑하라."고 말합니다. 이 고백은 소요리문답에서 "제5문: 하나님 한 분 외에 다른 신들이 있습니까? 답: 살아계시고 참되신 하나님은 오직 한 분이십니다."라고 말합니다. 세상 사람들은 수많은 신들을 이야기 하지만 기독교는 유일하신 한 분 하나님만을 말합니다.

비록 성부, 성자, 성령 하나님이 계셔도 삼위의 신적인 본질은 동일하시며 하나이신 하나님입니다. 그래서 하나님은 세 분이나 여러 분이 계신 것이 아니라 유일하신 참된 하나님 한 분만이 존재하신다고 말할 수 있습니다. 한 하나님의 독특한 특징을 고대신조인 아타나시우스 신조는 다음과 같이 표현해 주었습니다.

> "성부께서 영원하신 것같이, 성자도 영원하시며, 성령도 영원하다. 그럼에도 불구하고 그들은 '세 영원한 분들'이 아니시며, '한 영원한 분'이십니다. 창조되지도 않았고 우리의 이해를 초월한 '세 하나님이' 있는 것이 아니라, 창조되지도 않았고 인간의 이해를 초월한 단 '한 하나님만이' 계실 뿐이다. 성부께서 전능하시듯이 성자와 성령도 전능하시다. 그러나 '세 하나님의' 전능자가 계신 것이 아니요, 오직 '한 하나님의' 전능자가 있을 뿐이다. 성부

가 하나님이시듯이 성자도 성령도 하나님이시다. 그럼에도 '세 하나님이 계신 것이 아니라 한 하나님만이 계실 뿐이다.' 성부께서 주님이시듯이 성자도 성령도 주님이시다. 그럼에도 주님이 '세 주가 아니라 한 주'이실 뿐이다. 우리는 이 각각의 삼위(三位)께서 그 스스로 하나님이시오, 주님이시라는 사실을 기독교의 진리로 받는 바이다. '따라서 세 하나님이 계시며 세 분 주님이 계시다는 말은 참 기독교인으로서 금한다.'"

4. 하나님은 성부, 성자, 성령이신 삼위입니다.

성경은 하나님이 한 분이라고 말하지만 또한 각각의 위격(位格)과 신격(神格)이 다르신 삼위(三位) 하나님이 계신다고 말합니다. 삼위는 동일한 한 분의 다른 모습이 아니라 서로가 각각 다른 신격과 성품과 사역을 가지고 계신 성부 하나님, 성자 하나님, 성령 하나님을 말합니다. 소요리문답은 삼위 하나님에 대한 고백을 이렇게 말합니다. "제6문: 하나님의 신성 안에 몇 위(位)가 계십니까? 답: 하나님의 신성 안에 삼위(三位)가 계시니, 곧 성부와 성자와 성령이십니다. 이 삼위는 한 하나님이시며, 본체가 동일하고, 능력과 영광은 동등하십니다."

> "그러므로 너희는 가서 모든 족속으로 제자를 삼아 아버지와 아들과 성령의 이름으로 세례를 주고"(마 28:19).

"주 예수 그리스도의 은혜와 하나님의 사랑과 성령의 교통하심이 너희 무리와 함께 있을지어다."(고후 13:13).

삼위 하나님을 고백할 때는 매우 조심해야 하는 부분이 있습니다. 첫째는 삼위 하나님을 다 같은 하나님처럼 표현하면 안 됩니다. 마치 하나님은 한 분이지만 다른 얼굴이나 여러 모양을 나타낸 것처럼 말하면 안 됩니다. 둘째는 삼위 하나님을 말하기는 하지만 삼위에 높고 낮은 등급이 있는 것처럼 말하면 안 됩니다. 예전에 이단들은 성부가 가장 높고, 그 다음은 성자, 마지막은 성령이라고 주장하기도 했습니다.

정통 교회는 삼위 하나님을 고백하고 표현할 때 앞의 두 잘못된 표현을 주의하면서 올바른 표현 3가지 정도를 정리해 주었습니다. 첫째는 구별성입니다. 즉, 각 위격은 같은 분이 아니라 서로 다른 분이다. 둘째는 동등성입니다. 즉, 각 위격은 성부와 성자와 성령으로 구별되지만 계급이 있거나 차등이 있지 않고 신적 본질이 동일하시기 때문에 삼위는 동등한 하나님이십니다. 셋째는 차이성입니다. 삼위는 동등하시지만 존재와 사역이 서로 다르기 때문에 질서에 있어서 차이성을 가지십니다. 즉, 삼위는 신적 본질은 동등하시면서도 그 인격과 하시는 일이 각각 다르신 분입니다. 이 삼위에 대한 표현을 아타나시우스 신조는 이렇게 고백합니다.

"이 삼위에 있어서 '그 어느 한 위(位)가 다른 한 위(位)에 앞서거나 뒤에 계신 것이 아니며, 어느 한 위(位)가 다른 위보다 크거나 작을 수도 없다. 다만 삼위가 함께 영원하며 동등하다는 것이다.' 따라서 앞서 말한 대로, 이 모든 것에서 삼위(三位)가 일체(一體)이시며, 일체(一體)가 삼위(三位)인 하나님께서 경배를 받으셔야 할 것이다. '그러므로 구원을 받으려는 이는, 삼위일체에 관하여 이와 같이 믿지 않으면 안 될 것이다.'"

① 성부 하나님

성부 하나님은 삼위일체 교리의 시작입니다. 아버지는 자연적 세력이거나 운동력이 아니라 신적인 인격을 가지신 하나님이십니다. 아버지는 '여호와'라는 신적인 명칭으로 불렸고 성자를 영원히 낳으시고, 성령을 보내시며, 우주의 창조자요 심판자요 모든 구원의 역사를 계획하고 작정하시는 분이십니다. 그래서 성부는 만물의 시작이시며, 처음이시라고 말할 수 있습니다. 웨스트민스터 신앙고백서 2장 3항은 "성부는 그 누구로부터 난 것이 아니시고, 태어나지도 않으시고, 나오지도 않으신다."라고 성부의 고유성을 말했습니다.

> "내가 아버지께로 나와서 세상에 왔고 다시 세상을 떠나 아버지께로 가노라 하시니"(요 16:28)

> "아버지여 창세전에 내가 아버지와 함께 가졌던 영화로써 지금도 아버지와 함께 나를 영화롭게 하옵소서."(요 17:5)

② 성자 하나님

성자 하나님은 하나님의 아들 예수님을 말합니다. 예수님을 우리는 하나님의 독생자라고 부릅니다. 예수님은 우리의 죄를 위해서 십자가에 죽으시고 부활하심으로 구원을 완성하셨습니다. 또한 예수님은 자신을 아버지와 하나인 동시에(요 10:30), 자신이 하나님의 아들이라고 선언하셨습니다(마 11:27, 26:63-64). 또 내 아버지가 이제까지 일하시니 나도 일한다고 하여 자기를 하나님과 동등하게 여겼으며(요 5:17), 또 아들이므로 아버지가 행하시는 심판을 아들이 심판한다고 말씀하셨습니다(요 5:27).

뿐만 아니라 사도 요한은 성육신하신 하나님이 참 하나님이심을 명확하게 증언하고(요일 5:20), 보혜사 성령을 아버지가 아들의 이름으로 보내신다고 하였습니다(요 14:26). 바울은 그리스도를 하나님으로 지목하고 피 흘려 교회를 사셨다고 밝힙니다(행 20:28). 구약에서 성자 하나님은 '여호와의 기름 받은 자'(시 2:1-12)로 나타납니다. 또 '내가 너를 낳았도다.'(7절)라고 표현함으로써 아버지가 메시야의 근원임을 알 수 있습니다. 이사야 선지자는 아기의 탄생을 예언하면서 그 아기가 기묘자요, 모사요, 전능하신 하나님, 영존하시는 아버지, 평강의 왕이라고 노래했습니다(사 9:6).

> "말씀이 육신이 되어 우리 가운데 거하시매 우리가 그 영광을 보니 아버지의 독생자의 영광이요 은혜와 진리가 충만하더라."(요 1:14)

③ 성령 하나님

성경에서 성령은 주의 영, 하나님의 영, 그의 영, 당신의 영, 성령 등의 이름으로 기록되어 있습니다. 성령 하나님도 성부, 성자 하나님과 동일하게 신격을 가지고 계신 인격적인 존재이십니다. 요즘 신비주의자들이 성령을 무슨 에너지나 힘으로 표현하는 데 이것은 잘못된 것입니다. 예전에도 이런 이단들이 있었기 때문에 정통교회는 니케아 콘스탄티노플 신조(381)를 통해서 성령 하나님을 다음과 같이 고백했습니다. "나는 믿는다. 성령, 곧 주되시고 생명을 주시는 자를 믿으니, 이는 아버지 그리고 아들에게서 나셨으며, 아버지와 아들과 더불어 찬송과 경배를 받으시며, 선지자들로 말씀하신 분이시다."

성령 하나님은 창조의 모든 역사를 보존하시며 지키시고, 사람에게 지혜와 지식, 이해, 말하는 재능을 주시는 분이시고, 성도들에게 기도와 간구하는 마음을 주시며 죄인에게 구원의 성취와 성도들의 거룩한 삶을 인도하시는 일을 하십니다. 즉, 성령의 도우심으로 죄인된 자가 거듭나고 새로워져 예수님이 이뤄주신 모든 구원의 은혜에 참여하게 됩니다.

"내가 아버지께로서 너희에게 보낼 보혜사 곧 아버지께 로서 나오시는 진리의 성령이 오실 때에 그가 나를 간증하실 것이요."(요 15:26)

"그러므로 내가 너희에게 알게 하노니 하나님의 영으로 말하는 자는 누구든지 예수를 저주할 자라 하지 않고 또 성령으로 아니하고는 누구든지 예수를 주시라 할 수 없느니라."(고전 12:3)

Q5 하나님은 어떤 일을 하시나요?

1. 신적작정(계획, 결정/Decree)

성경은 하나님을 "모든 일을 그 마음의 원대로 역사하시는 자"(엡 1:11)로 표현합니다. 이 말씀을 토대로 개혁주의 신앙은 하나님이 장래에 일어날 모든 것을 영원부터 주권적으로 결정하시고 모든 피조물에게 자기의 의지를 행사하시되 미리 정하신 계획에 따라 행하신다고 믿습니다. 즉, 하나님은 완전한 지혜와 권능을 가지고 영원한 장래에 될 모든 사물들을 창세전에 이미 결정하여 두셨다는 것입니다(시 33:11).

우리는 이것을 "신적작정", 또는 "하나님의 절대주권"이라고 합니다. 이사야 45장 7절은 "나는 빛도 짓고 어두움도 창조하며 나는 평안도 짓고 환난도 창조하나니 나는 여호와라 이 모든 일을 행하는 자니라 하였노라."고 하여 온 세상의 모든 일이 하나님의 절대주권 아래 있다고 말합니다. 웨스트민스터 소요리문답은 작정을 "제7문: 하나님의 작정은 무엇입니까? 답: 하나님의 작정은 그 뜻의 계획에 따른 영원한 목적인데, 이것으로 하나님은 자신의 영광을 위하여 일어날 모든 일을 미리 정하셨습니다."라고 말합니다.

하나님의 작정(계획)의 궁극적 목적은 무엇일까요? 성경은 하나님께서 온 세상의 모든 일을 절대적인 주권으로 결정하시고 계획하시는 목적을 단지 인간의 구원과 행복이 아니라 바로 하나님 자신의 영광을 위해서라고 말합니다(시 19:1, 사 63, 롬 11:36, 계 4:1). 그래서 모든 인간은 "먹든지 마시든지 무엇을 하든지 하나님의 영광을 위하여 살아가야 합니다."(고전 10:31) 하나님이 우리를 위해서 존재하는 것이 아니라 우리 모두는 하나님의 영광을 위하여 존재하는 것입니다.

하나님이 모든 것을 작정해 두셨다고 해서 인간의 의지가 훼손되거나 억제를 받는 것이 아닙니다. 하나님의 영원한 통치와 작정 안에서 인간은 자기의 자유로운 의지로 일합니다. 그래서 모든 인간은 자유롭게 자신의 뜻을 선택하며 살아갑니다. 그러나 보이지 않는 하나님의 주권과 계획 안에서 우리의 생각과 행동들이 진행됩니다. 따라서 하나님의 뜻과 허락과 다스림 없이는 우리는 단 한 가지도 할 수 없는 것입니다.

하나님은 인간 자신들이 가지고 있는 의지의 자유를 선한 목적에 사용하기를 바라시면서 그들에게 자유로운 의지의 사용을 허락해 주셨습니다. 마음껏 자유롭게 살 돼, 악한 일에 참여하지 않기를 원하시는 것입니다. 그러나 불행히도 많은 인간들은 이런 하나님의 뜻을 저버리고 지금도 자기 멋대로 인생을 즐기며 살고 있습니다. 이런 인생들의 결국은 멸망뿐인 것입니다.

2. 예정(Predestination)

작정이 우주와 인간과 천사 등 모든 창조물에 적용되는 하나님의 신적계획이라면 예정은 천사와 인간의 구원을 위한 특별한 하나님의 계획을 말합니다. 이것을 '예정론', '선택론'이라고 합니다. "찬송하리로다. 하나님 곧 우리 주 예수 그리스도의 아버지께서…… 창세전에 그리스도 안에서 우리를 택하사…… 그 기쁘신 뜻대로 우리를 예정하사"(엡 1:3-5)

예정의 대상은 선택받은 자들과 버림받은 자(유기)들입니다. 특별히 선택받은 자들은 그리스도 안에서 구원받기로 예정된 것입니다. 그리고 버림받은 자들은 지옥의 형벌을 영원히 받는 자들입니다. 웨스트민스터 신앙고백서 3장 3항은 이 예정의 신비를 "하나님께서는 자기의 영광을 나타내기 위하여 어떤 사람들과 천사들은 영생을 얻도록 예정하셨고, 다른 사람들과 천사들은 영원한 죽음에로 미리 정하셨다."라고 말합니다.

선택이란 성부 하나님이 일정한 수의 개인들을 죄악 된 세상에서 택하시고 성자에게 그의 백성을 구원하도록 작정하신 은혜로운 행위입니다. 선택에서 제외된 자들을 버림받은 자, 즉 유기된 자라고 말합니다. 이 선택과 유기는 인간의 의지와 노력으로 뒤바뀌거나 중간에 취소되는 것이 아닙니다. 왜냐하면 하나님의 절대주권적인 신적인 결정이기 때문입니다.

웨스트민스터 신앙고백서는 3장 4항에서 예정의 불변성에 대하여 "이렇게 예정되고 미리 정해진 사람들과 천사들은 개별적으로, 또는 불변적으로 계획되었다. 그리고 그들의 수(數)는 분명하고 확정적이어서 더하거나 뺄 수가 없다."라고 말합니다.

예정론의 이런 의미 때문에 많은 사람들은 하나님이 불공평하다고 말하면서 예정론을 공격했습니다. 인간의 운명과 구원을 결정하는 예정론은 하나님을 폭군처럼 소개한다면서 교회에서 못 가르치게 했습니다. 하지만 예정론을 가르치지 않으면 하나님은 무능력한 신이 됩니다.

만약 인간의 운명과 구원 전체를 결정하고 지배할 수 없고, 단지 인간의 결정을 뒤따라서 움직이는 신이라면 인간보다 무능력한 신이 됩니다. 이런 이유 때문에 어거스틴, 칼뱅 등은 하나님의 절대주권을 강조하는 예정론을 철저하게 주장했고, 급기야 1618-1619년에 네덜란드에서는 도르트 총회를 열어서 예정론을 비판하는 사람들을 교회에서 내쫓았습니다. 이때 만들어진 신조가 그 유명한 '도르트 신조', 즉 '전적타락', '무조건적 선택', '제한속죄', '불가항력적 은혜', '성도의 견인'이라는 '칼뱅주의 5대 교리'(TULIP)입니다.

이 선택은 인간의 차원에서 이해할 수 없는 하나님의 신비한 주권적 계획입니다. 오직 이것은 창세 전에 '하나님의 기쁘신 뜻'에 따라

한 것입니다. 인간을 구원으로 택하실 수도 있고 택하지 않을 수도 있는 자유의 하나님이십니다. 또 하나님은 선택을 오직 그리스도 안에서 이루십니다(엡 1:49, 딤후 1:9). 그리고 하나님이 선택하실 때에는 인간의 조건을 보고 행하시지 않습니다. 즉 인간의 신앙이나 선행을 보시고 결정하시는 것이 아닌 것입니다. 이를 두고 칼뱅주의는 '무조건적 선택'이라 부릅니다. 이런 선택의 신비로움을 로마서는 다음과 같이 토기장이의 비유로 설명합니다.

> "이 사람아 네가 뉘기에 감히 하나님을 힐문하느뇨 지음을 받은 물건이 지은 자에게 어찌 나를 이같이 만들었느냐 말하겠느뇨, 토기장이가 진흙 한 덩이로 하나는 귀히 쓸 그릇을 하나는 천히 쓸 그릇을 만드는 권이 없느냐, 만일 하나님이 그 진노를 보이시고 그 능력을 알게 하고자 하사 멸하기로 준비된 진노의 그릇을 오래 참으심으로 관용하시고, 또한 영광 받기로 예비하신바 긍휼의 그릇에 대하여 그 영광의 부요함을 알게 하고자 하셨을지라도 무슨 말 하리요."(롬 9:20-23)

3. 창조(Creation)

창조는 소요리문답에서 "제8문: 하나님께서 자신의 작정을 어떻게 이루십니까? 답: 하나님께서 자신의 작정을 창조와 섭리로 이루십니다."라고 고백하는 것처럼 하나님의 위대함과 절대주권과 신적작정을 가장 잘 드러내 주는 교리입니다. 왜냐하면 창조는 아무것도 존재하지 않는 것에서 온 세상을 만드신 하나님의 위대함을 알려 주기 때문입니다.

창조는 모든 것의 시작입니다. 창조가 없었다면 아무 것도 존재하지 않습니다. 창조의 교리는 오직 성경만이 가지고 있는 유일한 교리로서 오직 신앙으로만 이해할 수 있는 신비의 진리입니다. 이 세상은 과학자들이 진화론자들이 말하는 것처럼 우연히 생긴 것이나, 원숭이에게서 사람이 진화된 것이 아니라 하나님의 거룩한 작정과 계획 속에서 행하신 하나님의 작품입니다.

성경은 "태초에 하나님이 천지를 창조하시니라."(창 1:1)의 말씀으로 시작합니다. 여기서 '태초'란 영원의 한 시점을 이야기하고 창조하다는 뜻은 '무(無)에서 유(有)를 만든 것'을 의미합니다. 하나님은 아무 것도 없는 무의 상태에서 모든 것을 말씀으로 지으셨습니다. 현대 과학을 통해서 우리는 우주가 얼마나 넓고 큰 지 깨닫고 있습니다. 세계에서 가장 빠른 우주선을 타고 가도 태양계, 은하계, 우주 전체를 다녀올 수 없습니다. 이 거대한 우주를 창조하시고 다스리는 분은 전능하시고 위대하신 하나님뿐입니다.

그렇다면 하나님은 왜 천지를 만드신 것일까요? 세상 사람들은 인류의 생존과 행복을 위해서라고 말을 하지만 성경은 그것도 포함되지만 더 중요한 목적은 하나님의 영광을 위해서라고 말합니다. "내 이름으로 불려지는 모든 자 곧 내가 내 영광을 위하여 창조한 자를 오게 하라 그를 내가 지었고 그를 내가 만들었느니라."(사 43:7) 이 창조의 목적을 소요리문답은 "제1문: 사람의 제일 되는 목적은 무엇입니까? 답: 사람의 제일 되는 목적은 하나님을 영화롭게 하는 것과 영원토록 그를 즐거워하는 것입니다."라고 말합니다.

창조의 내용은 크게 두 분야로 나누어집니다. 먼저, 보이지 않는 영적 세계의 창조입니다. 즉 우리 눈으로 볼 수 없는 천사들이 사는 세계를 말합니다. 천사들은 육체가 없으며(눅 24:39), 결혼하지 않으며(마 22:30), 영생하는 존재이지만 그들 중에는 얼마는 선하고(눅 9:26), 얼마는 악합니다.

다음으로, 눈에 보이는 물질세계의 창조입니다. 하나님은 엿새 동안에 천지를 지으시고 제7일에 안식하였습니다(창 1-2장). 그 순서는 첫째 날에 빛을 지으시고, 둘째 날에 궁창(하늘)과 윗물과 아랫물을, 셋째 날에 땅과 바다와 풀과 채소와 각종 나무를 지으시고, 넷째 날에 해와 달과 별을, 다섯째 날에 바다의 물고기와 하늘의 새를 지으시고, 여섯째 날에 땅의 짐승과 사람을 지으시고 마지막 일곱 번째 날에 안식하였습니다. 특히 인간은 흙으로 지어졌지만, 생기를 불어 넣어 살아있는 하나님의 형상으로 창조되었습니다.

여자는 아담의 갈비뼈를 사용하여 만드셨고 이로 인해서 남자와 여자가 서로 다르게 창조되어졌습니다. 그러나 남자와 여자 모두 하나님의 형상으로 지으신 동일한 영적 존재이므로 그 어떤 생명체보다 고귀한 존재가 된 것입니다. 하나님은 이런 인간을 너무나 사랑하시어 한 사람의 영혼이 천하보다 더 귀하다고 말씀하셨습니다.

4. 다스림(섭리, 통치/Providence)

섭리란 우주와 인간 전체에 대한 하나님의 다스림을 말합니다. 창조의 세계를 유지하고 보존하며 통치하고 관할하는 것을 말합니다. 하나님은 우주와 인간을 전능한 힘으로 창조하셨을 뿐만 아니라 그 모든 것이 하나님의 계획대로 움직여져 갈 수 있도록 한 치의 오차도 없이 다스려 가십니다. 이것을 어려운 말로 '섭리'라고 표현합니다.

소요리문답 제11문은 "하나님의 섭리하시는 일은 지극히 거룩하심과 지혜와 권능으로서 모든 창조물과 그 모든 행동을 보존하며 치리하시는 일이니라."고 합니다. 하나님은 지금도 당신이 직접 창조하신 우주만물의 모든 것을 아끼시고 보호하시기 위해 열심히 일하고 계십니다.

이런 다스림은 '일반섭리'와 '특별섭리' 두 가지로 나누어 볼 수 있습니다. 첫째로 일반섭리는 모든 창조의 세계를 '보존'하고 '협력'하며 '통치'하시는 3가지 일을 말합니다. 먼저 일반섭리는 '보존'형태로 일어납니다. 하나님이 잠시라도 창조의 세계를 관리하지 않으시면 우주만물은 단번에 붕괴되고 말 것입니다. 특히 하나님은 무엇보다 자신의 백성을 보존하시고(마 10:29-30), 육체적 생명과 정신적 활동을 돌보시며, 불꽃같은 눈초리로 지켜 주십니다(시 136:25, 마 10:25).

나아가 하나님은 만물이 그 존재의 특수한 목적에 맞도록 보존하며 다스리십니다. 짐승은 짐승대로의 존재 목적이 있고, 심지어 들에 핀 풀도 하늘을 나는 새들도 이리 저리 부는 바람도 하나님의 통치를 받는 것입니다. 다시 말해 하나님의 뜻과 명령과 허락하심이 없으면 그 어떤 존재도 존재하지 못하는 것입니다.

창조 세계를 보존하시는 섭리 때문에 우리는 이 창조의 질서를 존중하며 지켜가야 합니다. 창조질서를 어기면 성도라 할지라도 하나님께 징계를 받습니다. 예를 들면 성도라도 밥을 먹지 않으면 굶어 죽을 수 있고, 추우면 옷을 입어야 하고, 병들면 치료를 받아야 합니다.

다음으로 일반섭리는 하나님과 인간의 '협력' 형태로 일어납니다. 하나님은 그의 모든 창조물과 협력하여 그들로 하여금 자신들이 하는 일을 정확하게 실행하도록 하십니다. 이것은 하나님과 인간이 50:50으로 일한다는 의미가 아닙니다. 인간은 하나님의 형상으로 창조된 인격적인 존재입니다. 그래서 하나님은 인간을 짐승처럼 본능이나 기계처럼 다루지 않으시고 인격으로 대해 주십니다.

모든 일은 하나님의 작정과 뜻대로 일어나지만 그 일이 발생할 때는 인간의 인격을 협력적으로 사용하셔서 일하시기 때문에 인간들이 선과 악에 대해서 자신들의 인격적인 의지의 선택에 보상과 벌을 받게 합니다. 이런 하나님의 주권과 인간의 책임 있는 의지적이고 인격적인 행동의 협력을 빌립보서 2장 13절은 "너희 안에서 행하시는 이는 하나님이시니 자기의 기쁘신 뜻을 위하여 너희로 소원을 두고 행하게 하시나니"라고 말합니다. 그러므로 모든 인간의 움직임은 하나님의 협력하시는 뜻에 따라 이루어지는 행동의 결과들로서 결코 우연한 일이 아닙니다.

마지막으로 일반섭리는 '통치' 형태로 나타납니다. 이것은 '기적'

이라고 말합니다. 하나님은 창조를 보존하는 방식으로도 일하시지만 때로는 창조질서를 거슬러 일하시기도 합니다. 이 일은 창조의 질서 속에서 예외적이고 특수하게 일어나는 일이기 때문에 우리는 '기적'이라고 하는 것입니다. 성도들은 예기치 못한 어려움에 빠지기도 하지만, 기적처럼 도움을 받고 회복되기도 합니다. 특히 교회나 성도가 심각한 위기에 빠졌을 때는 기적과 같은 놀라운 도움으로 하나님께서 우리를 구해 주시도록 기도해야 합니다.

둘째로 섭리에는 특별섭리가 있습니다. 일반섭리가 우주 전체를 관리하는 것이라면 이 특별섭리는 오직 구원 받은 백성, 즉 하나님 나라의 백성들을 위해 작용하는 교회에 대한 섭리입니다. 하나님은 창세전에 당신이 택하신 자들을 특별한 은혜와 섭리로 부르시고 죄와 사망의 권세에서 벗어나게 하시고 그들을 구원하여 영생의 삶을 살도록 인도하십니다.

하나님은 이 땅의 구원 받은 백성들인 그리스도인들의 삶을 직접 주관하십니다. 그래서 그들의 기도를 들어주시고 고통에서 구출하여 주시고 위험에서 건져 생명을 보호하시는 일들을 하십니다. 웨스트민스터 신앙고백서 5장 7항은 교회에 대한 하나님의 특별한 배려와 은혜를 "하나님의 섭리는 일반적으로 모든 피조물들에게 미치지만, 가장 특별한 방법으로 그의 교회를 돌보시며, 모든 일들을 교회의 유익이 되도록 처리하신다."라고 말합니다.

신론 요약표

주제		내 용
하나님의 존재	성품	영(靈)이시고, 무한, 불변, 영원하심. 전능하심. 거룩하심. 보이지 않으심. 선하심. 공의로우심. 자비하심. 심판하심. 스스로 존재하심.
	존재	삼위일체 하나님(본질이 동일하신 한 하나님 안에 삼위이신 성부, 성자, 성령 하나님이 계심). 삼위가 한 분이며, 한 분이 삼위이심.
하나님의 사역	신적작정	하나님은 창조로부터 종말까지의 모든 것을 계획하시고 결정하심. 선과 악을 포함하여 모든 것이 하나님의 절대주권 아래에 있음.
	예정	하나님은 창조 전에 택자와 유기자(버린 자)를 구분하심. 예정은 불변하며, 오직 택자에게 예수님을 보내 주심.
	창조	무(無)에서 유(有)를 창조하심. 6일 창조. 진화론 반대. 인간과 천사는 인격적 존재로 선하게 창조함. 남자와 여자는 동등하게 창조. 아담은 인류의 대표자. ① 첫째 날—빛과 어둠 ② 둘째 날—궁창(하늘) ③ 셋째 날—물과 땅(바다와 육지) ④ 넷째 날—해, 달, 별 ⑤ 다섯째 날—새와 물고기 ⑥ 여섯째 날—사람과 짐승
	섭리	하나님은 가장 작은 일에서부터 큰 일까지 모두 다스리고 인도하심. 섭리의 방법 3가지(보존하심, 협력하심, 통치하심). 인간의 의지적 자유를 방해하지 않으시고 사용하심. 하나님의 주권과 인간의 책임은 조화를 이룸.

세 번째 교리 **인간론(죄)**
인간이란 무엇인가요?

Q1 하나님의 형상이란 무슨 말인가요?

나는 누구인가요? 나는 어떻게 존재했나요? 나는 어디서 왔나요? 나를 포함한 모든 사람은 어떤 존재인가요? 이 질문은 유치원 아이가 "엄마! 나는 누구야, 나는 어디서 왔어?"라는 질문처럼 매우 쉬운 질문인 것 같지만 대답하기에 결코 쉽지 않은 질문들입니다. 세상의 수많은 선생님들과 철학자들이 이 질문에 답하기 위해 노력했지만 제대로 된 답을 내놓지 못했습니다.

어떤 사람은 다른 짐승들처럼 인간도 짐승들 중 하나라고 말하며, 어떤 사람은 그냥 우연히 존재했다고, 어떤 사람은 그리스 신화에서처럼 알 수 없는 신들이 싸우고 질투하다 인간이 만들어졌다고 하고, 어떤 사람은 전생에 따라서 계속 다르게 태어난다고 하고, 어떤 사람은 단군신화처럼 곰이 사람이 됐다고 합니다.

대부분은 인간이 우연히, 혹은 막 만들어졌다고 하면서 인간을 하찮은 존재로 취급합니다. 이런 잘못된 생각들은 사람을 우울하게 하고 비참하게 합니다. 특히 장애인이나, 여성, 아이 등 사회적으로 약한 사람들을 더 깔보고 무시하는 생각을 갖게 합니다.

하지만 성경은 "사람이 무엇이관대 주께서 저를 생각하시며 인자가 무엇이관대 주께서 저를 권고하시나이까."(시 8:4)라고 말하면서 인간에 대해서 놀라운 사실을 말합니다. 인간은 우연히 존재하는 것도 아니고, 짐승들 중 하나도 아니며, 오히려 하나님의 형상으로 가장 소중하게 창조된 하나님의 피조물이라고 합니다. 하나님은 온 우주만물을 만드신 후 마지막에 "하나님이 자기 형상 곧 하나님의 형상대로 사람을 창조하시되 남자와 여자를 창조하시고"(창 1:27)라는 말씀처럼 하나님의 형상을 따라서 인간을 창조하셨습니다. 인간과 비슷한 천사도 인격적인 존재이지만 천사는 하나님의 형상이 아니라 그저 말씀으로 창조했습니다.

인간만이 하나님을 닮은 하나님의 모양과 형상을 가지게 했습니다. 그래서 인간을 만물의 영장이라고 합니다. 그 이유는 인간은 지, 정, 의로 구성된 인격체로서 하나님의 형상으로 지음을 받았기 때문입니다. 이 말은 사람이 하나님과 닮은 거룩하고 존귀한 존재로 만들어졌다는 것을 의미합니다(창 1:26-27, 9:6, 약 3:9). 형상이란 물질적인 형체를 말하는 것이 아니라 하나님의 성품을 말합니다.

앞에서 우리는 이미 하나님의 성품을 살펴보았습니다. 그 중 하나님이 인간과 나누어 가진 성품을 공통적 성품이라고 했습니다. 인간은 하나님의 속성 중 일부를 물려받은 귀한 존재들입니다. 이 성품을 정리하면 곧 지식과 의와 진리와 거룩으로 구성되었다는 것을 뜻합니다(엡 4:24, 골 3:10). 이처럼 인간은 신적 성품인 영성과 인격적 성품인 도덕성을 동시에 지닌 만물의 으뜸입니다.

그렇기 때문에 장애인이나 여자나 아이처럼 사회적으로 연약한 사람들도 하나님의 형상으로 창조된 매우 귀하고 소중한 사람들임을 깨달아야 합니다. 이 세상 그 어떤 종교와 철학에서도 사람을 이렇게 귀하고 가치 있게 말하지 않습니다. 오직 기독교만이 내가 누구인지, 사람은 무엇인지를 정확하게 말하고, 또한 귀하고 소중한 존재로 말해 줍니다.

Q2 사람의 기원은 창조론과 진화론 중 어느 것이 옳은가요?

정말 원숭이가 진화해서 사람이 된 것일까요? 혹성탈출과 같은 영화나 과학 수업을 하는 학교에서도 원숭이가 변해서 사람이 되었다고 하는데 진짜인가요? 그러면 우리의 조상은 원숭인가요? 아닙니다. 사람의 조상은 원숭이가 아니라 성경에서 말하는 아담과 하와이며, 이들은 하나님께서 자신의 형상을 따라 창조한 피조물입니다.

많은 사람들은 인간의 기원(시작)에 대해서 진화론을 이야기하면 유식한 것처럼 생각하고, 하나님께서 창조하셨다는 창조론을 이야기하면 비과학적이라고 하면서 비웃습니다. 유명한 과학자들이 이미 진화론이 과학적이지 않고 매우 상상적인 주장이라고 밝혔는데도 아직 이렇게 생각하는 분들이 많습니다. 우리가 단군신화를 주장하면서 사람은 곰이 변해서 생겼다고 하면 서양 사람들은 비웃을 겁니다. 그런데 진화론도 비과학적인 것은 마찬가지입니다. 진화론자들은 원숭이에서 사람이 되었다고 하면서 아직도 원숭이에서 사람으로 진화해가는 중간적 존재를 제시하지 못하고 있습니다. 그저 원숭이와 사람이 각각 있을 뿐입니다. 중간적 존재는 지금까지 없습니다.

최근에는 진화론을 포기하고 '빅뱅우주론'이 새롭게 등장했습니다. 하지만 이 우주론도 인간의 기원을 제대로 설명하지 못하고 있습니다. '빅뱅우주론'에서는 우주가 아무것도 없다가 갑자기 폭발하여 어쩌다 우연히 만들어졌고, 사람도 어쩌다 우연히 만들어졌다고 합니다. 과연 어떤 물질이 어쩌다 최고의 지능을 가진 사람이 될 확률이 얼마나 될까요? 이렇게 어쩌다 되었다라고 하는 말을 과연 과학적이라고 말할 수 있는 것인가요?

진화론을 믿는 고고학자들과 역사학자들은 인류의 조상에 대해 성경과 전혀 다른 주장을 합니다. 그들은 중국의 양자강 하류 또는 인도의 인더스강, 이집트의 나일강 하류와 바벨론 평원의 티그리스강 하류 등에서 인류가 최초로 나타났다고 말합니다. 그러나 그들은 인류가 어떻게 해서 존재했는가에 대해서 정확하게 언급하지 않고 단지 단세포에서 다세포로, 원숭이에서 사람으로 진화되었다고 말할 뿐입니다. 이것이야말로 가장 큰 모순이 아닐 수 없습니다. 그들의 말대로라면 인류는 어떤 원인이나 시작도 없이 어느 날 우연히 이 지상에 출현한 결과가 됩니다.

인간의 기원에 대해 분명하고 확실하게 밝히고 있는 것은 성경뿐입니다. 성경은 하나님이 태초에 천지를 창조하시고 그 다음에 인간이 행복하게 살 수 있도록 모든 자연환경과 생물체를 만드신 후에 하나님의 형상대로 인간을 만드셨다고 말합니다.

"하나님이 자기 형상 곧 하나님의 형상대로 사람을 창조하시되 남자와 여자를 창조하시고"(창 1:27)

"여호와 하나님이 흙으로 사람을 지으시고 생기를 그 코에 불어 넣으시니 사람이 생령이 된지라."(창 2:7)

"여호와 하나님이 아담을 깊이 잠들게 하시니 잠들매 그가 그 갈빗대 하나를 취하시고 살로 대신 채우시고 여호와 하나님이 아담에게서 취하신 그 갈빗대로 여자를 만드시고 그를 아담에게 이끌어 오시니 아담이 가로되 이는 내 뼈 중의 뼈요 살 중의 살이라 이것은 남자에게서 취하였은즉 여자라 칭하리라."(창 2:21-24)

그럼에도 진화론자들은 끊임없이 하나님의 창조론을 부정하고 과학을 앞세워 인간의 기원이 하나님으로부터 비롯되지 않았다고 주장합니다. 미국 커넬대학의 진화생물학자이자 역사학자인 윌리엄 프로바인은 진화론, 즉 다윈주의가 옳다면 다음과 같이 피할 수 없는 매우 끔찍한 5가지 결론에 도달한다고 말합니다.

1) 신이 존재하는 증거는 없다.

2) 죽은 후 생명은 없다.

3) 윤리의 절대적 토대는 없다.

4) 삶의 궁극적 의미는 없다.

5) 인간에게 진정한 자유의지란 없다.

진화론을 믿으면 사람의 존귀와 가치는 아무 의미가 없습니다. 특히 장애를 가진 사람들, 돈이 없는 사람들, 병든 사람들은 더욱 가치가 없는 사람으로 취급됩니다. 공산주의자들이 사람을 일하는 기계처럼 생각하여 사람들의 존엄과 가치를 파괴한 것처럼 진화론적인 가치관은 사람을 죽이고 폭력을 휘둘러도 '적자생존', '우열법칙' 등을 내세워 강하고 힘 있는 자만 인정하게 됩니다. 이런 강자생존의 법칙은 동물의 왕국에 나오는 짐승들처럼 강한 것이 약한 것을 마음대로 잡아먹고, 다른 수컷과 싸워 여러 암컷을 마음대로 거느리는 야만적인 세계관입니다.

이런 무서운 가치관을 받아들이겠습니까? 아니면 인간은 하나님의 은혜 안에서 이성을 가진 인격적 존재로 창조되었으며, 하나님의 형상을 따라 창조된 가장 존엄하고 존귀한 피조물이기에 장애인도, 가난한 사람도 병든 사람도 모두 하나님의 형상으로 대우 받아야 하는 창조론의 가치관을 받아들이겠습니까? 우리는 모두 후자를 택할 것입니다. 기독교만이 인간을 가장 존중하고, 가장 귀하게 여기며, 가장 높이 여기는 가치관을 가지고 있습니다.

Q3 인간은 어떤 구조로 만들어졌나요?

1. 3분설(몸과 혼과 영)

인간은 몸과 혼과 영으로 구성되었다고 말하는 주장입니다. 몸은 물질적인 요소이고, 혼은 감각생활의 요소이고, 영은 하나님을 의식하는 불멸적인 요소라는 것입니다. 요즘 많은 이단들이 이런 주장을 합니다. 그들은 죄가 몸과 혼을 더럽혔지만 영은 깨끗하고 살아있어서 하나님을 직접 볼 수도 있고 대화할 수도 있다고 하면서 인간의 전적인 타락과 부패를 부정하며 신비주의 신앙을 주장합니다.

비록 이런 3분설은 초대교회 당시 알렉산드리아의 클레멘트나 오리겐, 그리고 닛사의 그레고리 같은 헬라 신학자들에 의해 주로 지지를 받기도 했지만 더 많은 신학자들과 정통교회는 이 주장을 비성경적인 것으로 비판했습니다. 초대교회 때는 많은 교리들이 교회에서 자리를 잡아가던 초보시절이라 삼위일체와 기독론(예수님)과 같은 교리는 우수하지만 다른 교리들은 부족한 부분이 많았습니다.

3분설을 주장하는 자들이 내세운 성경적 근거는 "평강의 하나님이 친히 너희로 온전히 거룩하게 하시고 또 너희 '온 영과 혼과 몸이' 우리 주 예수 그리스도 강림하실 때에 흠 없게 보전되기를 원하노라."(살전 5:23, 히 4:12, 마 22:37)라는 부분인데 성경의 의미를 지나치게 문자적으로 해석한 오류들입니다.

사도 바울은 데살로니가 교인들에게 편지하기를 성도들의 영과 혼과 몸이 흠 없이 보전되기를 기원했습니다. 그러나 이 표현은 인간의 인성 전체의 특징을 더욱 강조하기 위한 반복 표현이지 사람이 현실적으로 영과 혼과 몸 등 세 가지로 구성되었다는 뜻이 아닙니다. 또 히브리서가 말한 것도 인간의 구성요소를 분석한 것이 아니라 하나님의 말씀이 사람의 정신적 요소 전부의 깊은 곳까지 뚫고 들어간다는 것을 강조한 것일 뿐입니다. 마태복음서의 말씀도 마음과 목숨과 뜻이 따로따로 구분되어 있는 것이 아니라 같은 의미의 다른 단어들을 반복적으로 나열한 것으로 전인격을 바쳐 하나님을 사랑하라는 말씀인 것입니다.

2.   2분설(몸과 영혼)

이 이론은 인간이 몸(육체)과 영혼의 두 부분으로 구성되었다고 보는 성경적으로 타당한 견해이며, 전통적으로 개혁주의(칼뱅주의, 보수주의, 정통장로교회)는 이 주장을 신뢰하고 지지합니다.

먼저 성경은 영과 혼을 별개의 것으로 보지 않고 두 말을 교대로 사용합니다. 예를 들어 사람이 죽을 때 "혼이 떠난다."(창 35:18, 왕상 17:21) 혹은, "영이 떠난다."(눅 23:46, 행 7:59)고 말합니다. 죽은 자들에 대해서도 혼과 영을 같이 말합니다. 살아있는 사람에 대해서도 어떤 때엔 몸과 혼(마 6:25)이라 하다가 또 어떤 때엔 몸과 영(고전 5:3, 5)이라 부릅니다. 즉 이 말은 인간에게 혼과 영은 같은 의미를 가진 다른 단어로서 이 둘이 다른 존재가 아니라는 것입니다.

결론적으로 인간은 물질적인 요소와 영적인 요소가 서로 조화를 이룬 존재입니다. 창세기는 "여호와 하나님이 땅의 흙으로 사람을 지으시고 생기를 그 코에 불어 넣으시니 사람이 생령이 된지라."(창 2:7)는 말씀처럼 인간의 물질적인 부분은 흙으로 만들어졌고, 영적인 부분은 하나님이 불어넣어주신 생기로 인해 만들어진 것으로 설명합니다.

Q4 왜 인간은 죄인입니까?

1. 죄란 무엇인가요?

전도하면 사람들이 제일 싫어하는 말이 있습니다. 그것은 바로 "당신은 죄인입니다."라는 말입니다. 이 말을 들으면 많은 사람들이 화를 내며, "나는 사람을 죽이지도 않았고, 도둑질도 하지 않았고, 나쁜 짓도 하지 않았는데, 왜 내가 죄인이야?"라고 하며 화를 냅니다. 왜 기독교는 사람들을 향해서 자꾸 "당신은 죄인입니다."라고 하는가요? 착하게 열심히 살아가고 있는데 왜 죄인이라는 듣기 싫은 말을 하나요?

성경은 인간의 창조에 대해서 귀한 비밀을 알려 주었듯이 또 하나의 비밀스러운 내용을 우리에게 가르쳐 줍니다. 그것은 하나님의 형상으로 창조된 아담과 하와가 하나님의 명령을 거역하고 하나님을 싫어하며 등을 돌리는 무서운 죄를 범했다는 사실입니다. 이 죄 때문에 인류의 모든 후손들이 죄인이 되었고, 그 결과 태어나면서부터 하나님을 모르고 싫어하는 비참한 일이 벌어졌습니다.

이 심각한 죄를 바르게 이해하기 위해서는 먼저 '행위언약'이라고 하는 '선악과 명령'을 알아야 합니다. 창세기 2장 16-17절에서 선악과 명령을 이렇게 말합니다. "여호와 하나님이 그 사람에게 명하여 이르시되 동산 각종 나무의 열매는 네가 임의로 먹되, 선악을 알게 하는 나무의 열매는 먹지 말라 네가 먹는 날에는 반드시 죽으리라 하시니라."

하나님은 자신의 형상대로 지음 받은 인간을 너무도 사랑하시어 인간을 위해 모든 좋은 것을 다 선물했습니다. 인간은 하나님이 주신 것들을 누리기만 하면 되었습니다. 다만 하나님은 인류의 대표인 아담과 하나의 약속을 하였습니다. 그것이 바로 선악과를 두고 맺은 언약인데 하나님이 정하신 명령과 약속을 지키면 영생을 얻고, 그것을 어기면 영원한 벌을 받는다는 것입니다. 즉, 하나님은 선악과 명령을 통해서 인간에게 하나님만을 섬기라는 순종의 의무를 세워주셨습니다.

어떤 사람들은 왜 하나님께서 선악과 명령을 주셔서 인간이 타락하도록 했는가라고 불평하기도 합니다. 하지만 창조에서 보듯이 하나님의 형상으로 인간을 만들어 주신 것이 엄청난 선물과 은혜인 것처럼 인간과 맺은 행위언약은 하나님의 위대한 사랑과 은혜의 선물입니다.

왜냐하면 이 언약관계는 하나님이 자신을 인간수준에 낮추신 은혜이며, 반대로 인간을 하나님과 교제하는 위치로 높여주신 은혜이며, 또한 하나님께서는 천사들에게 이런 언약의 선물을 주지 않고 오직 인간에게만 주셨기 때문입니다. 그래서 성경은 이런 하나님의 은총을 이렇게 말합니다. "여호와 우리 하나님과 같은 자 누구리요 높은 위에 앉으셨으나, 스스로 낮추사 천지를 살피시고"(시 113:5-6), "여호와의 인자하심과 인생에게 행하신 기이한 일을 인하여 그를 찬송할지로다."(시 107:8)

하지만 인류의 대표자인 아담은 이 약속을 지키지 못했습니다(창 3:11-12). 아담은 범죄하고 말았습니다. 아담은 하나님과의 선한 뜻을 저버린 것입니다. 하나님이 원하시는 방향에서 벗어난 것입니다. 아담의 행위는 단지 선악과 열매를 따먹은 작은 죄가 아니라 하나님의 뜻과 명령을 거역하고 불순종하여 하나님을 배반한 무서운 죄를 범한 것입니다. 소요리문답은 이런 죄의 정의를 "제14문: 죄는 무엇입니까? 답: 죄는 하나님의 법을 순종함에 부족한 것이나 어기는 것입니다."라고 고백합니다. 즉, 죄는 불법이며, 불순종입니다.

한편 범죄 이후에 인간은 어떻게 되었습니까? "네가 먹는 날에는 반드시 죽으리라 하시니라."는 경고는 하나님의 무서운 정죄와 심판을 뜻합니다. 따라서 인간은 하나님의 정죄를 받아 지옥에서 영원히 벌 받아야 하는 형벌의 심판을 받은 죄인이 되었습니다. 이것을 '원죄'라고 합니다. 이 원죄로 인해서 인간은 타락과 부패와 비참함의 상태에 빠졌습니다. 모든 타락한 인간은 선이 아니라 악의 길로 치달았습니다. 한 사람도 의인이 없게 되었습니다.

성경은 모든 사람이 죄인이 되었다고 분명히 말씀하고 있습니다. 왜냐하면 하나님이 아담과 맺은 언약은 아담 한 사람과 맺은 것이 아니라 인류의 '대표자'로서 아담이 후손들 전체를 대표하여 맺은 언약이었습니다. 따라서 아담이 타락하여 범죄한 것은 그의 후손인 인류 전체에게 동일하게 영향을 끼치는 무서운 죄가 되었습니다. 이제는 인간의 후손으로 태어나는 모든 사람은 타락과 비참한 가운데 하나님을 거부하고 싫어하는 죄인으로 태어납니다.

> "이러므로 한 사람으로 말미암아 죄가 세상에 들어오고 죄로 말미암아 사망이 왔나니 이와 같이 모든 사람이 죄를 지었으므로 사망이 모든 사람에게 이르렀느니라…… 그러나 아담으로부터 모세까지 아담의 범죄와 같은 죄를 짓지 아니한 자들 위에도 사망이 왕노릇 하였나니"(롬 5:12-14)

2. 죄에도 종류가 있나요?

죄의 결과는 참으로 비참한 것이었습니다. 아담과 하와는 하나님과의 교제를 잃어버리고, 하나님이 주신 의로움을 잃어버렸고, 하나님 없는 두려움과 공포에 빠지게 되었습니다. 그리고 영원히 살 수 있었던 인간은 이제 죽음을 맛보게 되었습니다. 죄의 값으로 사망과 심판을 받은 것입니다(롬 6:23). 그리고 단순히 죽음으로 모든 것이 끝난 것이 아니라 죽음 이후에 더 이상 죽지도 못하는 영원한 지옥의 형벌을 받게 되었습니다.

뿐만 아니라 죄를 범한 아담과 하와는 약속을 어겼기 때문에 하나님으로부터 정죄와 형벌을 받아 비참하고 고통스러운 삶을 살게 되었습니다. 하와와 그 후손인 여자들은 임신의 고통을(창 3:16), 아담과 그 후손인 남자들은 노동의 고통을(창 3:17) 받았고, 이 외에도 생활 속에 일어나는 수많은 괴로움과 아픔, 배고픔, 두려움 등의 비참한 생활에 빠졌습니다.

더 큰 문제는 이 범죄의 파괴력이 아담으로 인해 모든 인류에게 영향을 끼쳤습니다. 이것은 "한 사람의 범죄를 인하여 사망이 그 한 사람으로 말미암아 왕노릇 하였은즉"(롬 5:17)라는 말씀처럼 아담이 인류의 대표자로서 최초에 범죄한 것이기 때문에 '원죄'라고 부릅니다. 이로부터 모든 인간은 정죄 받은 죄인으로 태어나는 것입니다. 그러므로 이 땅에 태어나는 모든 사람 중 단 한 명의 의인도 존재하지 않습니다.

모든 인간은 자신의 힘으로 하나님을 찾을 수 없는 심각하고 비참한 상태로, 즉 완전한 타락의 길로 들어섰습니다. 모두 하나님의 뜻을 저버리고, 하나님을 믿지 않으며, 싫어하며 각자 제 길로 가고 말았습니다. 그리고 이 원죄의 결과로 우리는 생활 속에서 서로를 미워하고, 살인하고, 폭력을 행사하고, 사기치고, 질투하는 등 수많은 범죄들을 행합니다. 이것을 '생활죄'라고 하며, 스스로 죄를 범하는 것들이라고 해서 '자범죄'라고도 합니다. 이처럼 죄의 종류는 '원죄'와 '자범죄'로 나눠집니다.

"기록된 바, 의인은 없나니 하나도 없으며, 깨닫는 자도 없고 하나님을 찾는 자도 없고, 다 치우쳐 함께 무익하게 되고 선을 행하는 자는 없나니 하나도 없도다. 그들의 목구멍은 열린 무덤이요 그 혀로는 속임을 일삼으며 그 입술에는 독사의 독이 있고, 그 입에는 저주와 악독이 가득하고, 그 발은 피 흘리는 데 빠른지라. 파멸과 고생이 그 길에 있어, 평강의 길을 알지 못하였고, 그들의 눈 앞에 하나님을 두려워함이 없느니라 함과 같으니라."(롬 3:10-18)

3. 죄의 결과는 무엇인가요?

그렇다면 좀 더 구체적으로 죄의 결과에 대해 성경은 어떻게 말하고 있는지 알아봅니다.

첫째, 에덴으로부터 추방되어 하나님과 단절되었습니다. 창세기 3

장 24절의 "하나님이 그 사람을 쫓아내시고 에덴 동산 동편에 그룹들과 두루 도는 화염검을 두어 생명나무의 길을 지키게 하시니라."는 말씀은 영원한 생명이신 하나님과의 단절을 뜻합니다. 하나님이 생명의 근원이요 복의 근원인데 이것이 끊어진 것입니다. 마치 연못에 물이 다 떨어지면 더 이상 물줄기가 논으로 흘러 들어오지 못하는 것과 같은 원리입니다. 인간은 정죄 받은 죄인이 되어 하나님과 원수가 된 것이며, 적이 된 것입니다.

둘째, 사람의 성질이 부패해졌습니다. 하나님의 형상으로 지음 받은 인성은 순결하고 거룩했으나 범죄하고 타락한 죄인의 인격은 날로 타락하여 부패해진 것입니다. 하나님으로부터 물려받은 지, 정, 의 모두 전적으로 타락한 것입니다. 이로 인해 총명이 어두워졌고(엡 4:18), 심히 부패한 마음을 가지게 되었고(렘 17:9), 오직 마음속에 더럽고 추악한 것들만 가득하게 되었습니다(롬 3:10-18, 엡 2:1-3).

셋째, 사람이 죽게 되었고 지옥의 형벌을 받습니다(창 2:7). 성경에서 죽음은 세 종류로 묘사됩니다. 육신의 죽음과 영혼의 죽음, 그리고 지옥의 형벌을 받는 것을 영원한 죽음이라고 합니다.

넷째, 자연이 저주를 받았습니다. 자연은 인간을 위해 가장 좋은 것으로 만들어졌습니다. 그러나 인간의 범죄와 함께 땅도 저주를 받아 날로 오염되어 가고 있습니다. 세상은 온갖 인간들의 탐욕에 의해 하나님이 주신 낙원을 잃어버린 것입니다.

죄의 결과로 인간이 겪는 비참과 고통은 소요리문답은 이렇게 말합니다. "제19문: 타락한 인간의 비참은 무엇입니까? 답: 모든 인류는 타락으로 하나님과의 교제를 잃었고, 하나님의 진노와 저주 아래 빠졌으며, 그 결과 이 세상에서 비참하게 살다가 죽고, 지옥에서 영원히 고통을 받게 되었습니다."

4. 사단은 어떻게 유혹하나요?

아담의 범죄에는 사단이라는 존재가 개입되어 있습니다. 사단은 처음에는 선한 천사로서 창조되었지만 자신의 자유의지를 가지고 천상에서 하나님을 대적하고 반역을 꾀하다가 하나님에 의해 지상으로 추방된 영적 존재입니다(딤전 3:16, 벧전 2:4, 유 6). 이 사단이 바로 마귀입니다(요일 3:8). 이 사단이 아담과 하와가 사는 에덴동산으로 가서 뱀에게 들어가 간교한 유혹으로 아담과 하와를 범죄하도록 만든 주인공입니다. 사단은 처음부터 거짓말쟁이요 살인자였습니다(요 8:44).

사단은 동산을 홀로 거닐던 하와에게 다가와 교묘한 말과 심리를 이용해 하나님 말씀을 거역하도록 유혹하였습니다. 먼저 하와에게 불평을 일으켜 시험하였습니다. "하나님이 참으로 너희더러 동산 모든 나무의 실과를 먹지 말라 하시더냐."(창 3:1)라고 불만을 토하므로 하와의 마음속에 불만을 심었고 하와로 하여금 "만지지도 말라."(창 3:3)는 새로운 말을 만들어 내도록 유도하였습니다.

사단은 하나님의 말씀을 슬쩍 왜곡하여 거짓말로 하와를 유혹하였습니다. 사단은 하와더러 선악과를 먹어도 결코 죽지 않는다고 말합니다(창 3:4). 그리고 사단은 하와의 마음속에 정욕을 불어넣어 갑자기 선악과가 보암직하고 먹음직하고 지혜롭게 할 만큼 탐스럽게 보이도록 유혹하였습니다(창 3:6).

지금도 사단은 육신의 정욕과 안목의 정욕과 이생의 자랑으로 사람을 시험하며 온갖 질병과 사고와 위험으로 타락과 멸망을 가져오고 있습니다(요일 2:16). 어떤 사람도 이 무서운 사단의 공격을 막아낼 수 없습니다. 죄를 가지고 태어난 인간은 이 사단의 유혹과 공격을 막아내지 못하며 매일매일 더 큰 죄를 지으며 자신의 삶을 하나님의 심판과 형벌로 나아가게 합니다.

Q5 이 죄인을 하나님은 어떻게 하시나요?

모든 인류는 "그런즉 한 범죄로 많은 사람이 정죄에 이른 것 같이"(롬 5:18)라는 말씀처럼 첫 사람 아담의 범죄로 인해 죄인이 되었습니다. 죄인이 되었다는 것은 하나님과의 관계를 끊고 죄의 본성으로 인생을 살다가 영원히 멸망하게 되었다는 뜻입니다. 하나님은 결코 이런 상태를 내버려두지 않습니다. 하나님은 선하신 분이기에 죄와 악을 미워하십니다. 그리하여 이미 이 모든 상황을 미리 아시고 예비하신 하나님은 또한 모든 구원의 일을 예정해 두셨습니다.

성경에서 하나님은 인간에게 주신 2번의 언약을 소개합니다. 그 첫 번째 언약은 앞에서 설명했듯이 아담과 맺은 '행위언약'입니다. 이 언약은 하나님께서 은총을 베풀어 선악과 명령을 세워주신 것이지만 하나님의 말씀을 지키면 복을 받고 어기면 벌을 받는다는 조건, 즉 인간이 자신의 책임있는 행위를 통해서 언약에 참여하기 때문에 '행위언약'이라고 합니다.

두 번째는 하나님께서 택자와 맺은 언약인데, 성경은 이것을 '은혜언약'이라 부릅니다. 행위언약을 파괴한 자들은 누구도 자신의 힘으로 하나님을 찾지 못하기 때문에 하나님은 절대적인 은혜로 자신의 백성을 구원하기로 약속해 주셨습니다. 즉, 오직 은혜를 통해서만 맺은 약속이기에 '은혜언약'이라 합니다. 창세기 3장 15절은 제일 처음으로 은혜언약을 소개합니다. "내가 너로 여자와 원수가 되게 하고 너의 후손도 여자의 후손과 원수가 되게 하리니 여자의 후손은 네 머리를 상하게 할 것이요 너는 그의 발꿈치를 상하게 할 것이니라 하시고"

하나님은 창세전에 이미 구원받을 당신의 백성을 택하여 두셨습니다(엡 1:4, 딤후 1:9). 이 택자는 오직 하나님이 선택하신 것이며 하나님만 아시는 자이며 성부에 의해 성자에게 주어졌으며(요 6:37-40), 이 택자가 그리스도의 양이며 성령의 역사로 그의 음성을 듣고 하나님의 부르심에 응하는 것입니다. 따라서 하나님은 그리스도의 희생을 통하여 아무 조건 없이 우리의 아버지가 되어 주시며, 우리를 하나님의 자녀로 삼으시겠다는 은혜로운 언약을 세워주셨습니다(창 17:7-8).

이 은혜언약은 아담의 범죄와 타락으로 죽게 된 인간을 구원하기 위해 예비하신 하나님의 지극한 사랑과 은혜로 맺어주신 언약입니다. 한 마디로 은혜언약이라 부르는 이것은 하나님께서 선택하신 죄인으로 하여금 예수 그리스도를 영접하게 하고 그에게 구원의 선물을 주겠다는 언약입니다. 소요리문답은 이 언약에 대해서 이렇게 말합니다. "제20문: 하나님께서는 모든 인류를 죄와 비참한 상태에서 멸망하도록 버려두셨습니까? 답: 하나님께서는 자신의 기쁘신 뜻을 따라 영원부터 어떤 사람들을 영생하도록 선택하셨으며, 구원자를 통해 선택한 자들을 죄와 비참에서 건져내어 구원에 이르게 하려고 은혜언약을 맺으셨습니다."

이 언약으로 인해 하나님은 예수 그리스도 안에서 죄인을 구원하십니다. 다시 말해 이 언약이 곧 구원의 근거가 되는 셈입니다. 또한 이 언약은 오직 하나님이 일방적으로 행하시는 주권적인 일이십니다. 인간의 입장에서 구원을 위해 어떤 노력이나 자격을 갖추어야 하는 것이 아니라 전적으로 무조건적인 하나님의 은혜에 의한 것입니다. 이 은혜언약은 신구약 성경의 구원에 대한 핵심적인 키워드가 됩니다. 왜냐하면 구약과 신약의 모든 택함 받은 백성들은 동일한 이 은혜언약을 통해서 구원받기 때문입니다.

"내가 내 언약을 나와 너와 네 대대 후손의 사이에 세워서 영원한 언약을 삼고 너와 네 후손의 하나님이 되리라."(창17:7)

인간론 요약표

주제	내 용	
타락 전	인간존재	몸과 영혼을 가진 인간(이분설). 자유의지를 가진 인간. 하나님의 형상으로 창조-지(知), 정(情), 의(意). 진화론 반대. 창조론 고백.
	하나님과의 관계	아담과 '행위언약'을 맺으심(선악과를 먹지 않으면 영생을 주시고 먹으면 죽음).
타락 후	인간존재	아담은 자유의지로 선악과를 먹어서 정죄에 빠짐. 아담의 후손인 우리는 완전히 부패한 인간이 됨. 죄의 종류(원죄, 자범죄=생활죄). 죄는 하나님의 법을 어기는 것.
	하나님과의 관계	하나님과 원수가 됨. 사단의 종이 됨. 죄 때문에 영원한 지옥의 심판을 받음. 원래의 의로움을 잃음.
구원 받은 후	인간존재	성령의 은혜와 예수님의 피로 다시 태어남(중생). 몸과 영혼이 하나님을 섬기는 자로 변함. 여전히 연약함을 가지고 있어서 죄를 범하지만 성령님이 도와주심.
	하나님과의 관계	"은혜언약"을 맺어 주심 (예수님의 피로 하나님은 우리의 아버지가 되시고 우리는 하나님의 자녀가 됨) 하나님의 백성이 됨.

네 번째 교리 **기독론**
예수님은 누구신가요?

Q1 예수님은 누구신가요?

왜 수많은 사람들은 예수님이라는 분을 사랑하고 섬기나요? 왜 예수님을 위해서 자신의 목숨을 희생하기도 하고 자신의 전 삶을 의지하기도 하나요? 예수님이라는 분이 그렇게 대단한 분인가요? 네, 예수님은 아주 놀랍고 위대한 분입니다. 수천 년 동안, 수많은 사람들이 예수님을 예배하며 존경하고 사랑해 왔습니다. 왜냐하면 예수님은 단순히 뛰어난 선생님이나 철학자나 성인이 아니라 하나님이시기 때문입니다.

마태복음 16장 13-15절에서 예수님께서 "제자들에게 물어 가라사대 사람들이 인자를 누구라 하느냐, 가로되 더러는 세례 요한, 더러는 엘리야, 어떤 이는 예레미야나 선지자 중의 하나라 하나이다. 가라사대 너희는 나를 누구라 하느냐?"라고 물으셨던 질문은 지난 2,000년 동안 동일하게 던져진 질문입니다.

예수님을 믿지 않는 많은 사람들은 그분의 겉모습, 즉 가난한 목수의 아들로 태어나셔서 고난 받고 십자가에 힘없이 죽은 모습만 보고서 예수님께 등을 돌렸습니다. 마치 "이는 그 목수의 아들이 아니냐 그 모친은 마리아, 그 형제들은 야고보, 요셉, 시몬, 유다라 하지 않느냐, 그 누이들은 다 우리와 함께 있지 아니하냐, 그런즉 이 사람의 이 모든 것이 어디서 났느뇨 하고, 예수를 배척한지라."(마 13:55-57)는 말쏨처럼 연약해 보이는 겉모습만 보고 예수님을 거절한 것입니다.

하지만 인류 역사에서 예수님만큼 엄청난 영향력을 우리에게 끼치신 분은 단 한 사람도 없습니다. 왜냐하면 구약에서는 수많은 사람들이 수천 년 동안 하나님께서 사람으로 오셔서 우리를 구원해 주실 것이라는 메시야의 소망을 가지고 살았기 때문입니다. 그리고 신약에서는 수많은 사람들이 이 메시야가 바로 예수님이심을 깨닫고 사랑했기 때문입니다. 이후로 2,000년 동안 이 예수님을 메시야로 고백하며 수많은 사람들이 기쁨으로 살아왔습니다.

2,000년 전에 이스라엘 베들레헴에서 가난한 목수의 아들로 태어나신 예수님은 우리를 죄에서 구원하시기 위해서 이 땅에 친히 오신 하나님이십니다. 기독교는 바로 이 예수님을 바르게 이해하고 깨닫고 믿으며 사랑하는가에 모든 것이 달렸습니다. 예수님이 누구신지를 바르게 깨달으면 죄에서 구원받고 하나님의 자녀가 되는 일이 주어지지만, 예수님을 알지 못하면 정죄 받아 영원한 지옥의 형벌에 빠집니다. 그래서 예수님을 제대로 아는가 모르는가 우리 인생 전체가 달린 중요한 문제입니다.

왜냐하면 성경은 우리에게 "다른 이로서는 구원을 얻을 수 없나니 천하 인간에 구원을 얻을만한 다른 이름을 우리에게 주신 일이 없음이니라 하였더라."(행 4:12)고 말씀하고 있기 때문입니다. 이제부터 예수님에 대해서 알아봅니다.

Q2 '예수 그리스도'라는 이름의 뜻은 무엇인가요?

성경에서 이름은 매우 중요한 의미를 가집니다. 하나님은 아담의 이름을 지으시고 그로 하여금 모든 생물들의 이름을 짓게 합니다. 이름은 부르기 위해 만드는 것이지만 사실은 성경에서 나오는 이름은 하나님의 뜻과 계획이 포함되어 있는 경우가 많습니다.

'예수'라는 이름에도 뜻이 있습니다. 먼저 예수는 히브리어로 '예수아', '여호수아'라는 표현인데 이 말은 '구원자'란 뜻입니다. 즉 예수님은 죄에서 우리를 구원하실 자라는 것입니다. 신약에서 예수님이 태어나실 때 "아들을 낳으리니 이름을 예수라 하라 이는 그가 자기 백성을 저희 죄에서 구원할 자이심이라 하니라."(마 1:21)는 말씀처럼 이 구원자라는 이름을 붙여 주었습니다.

'그리스도'란 히브리어로 '메시아'인데 이는 '기름 부음 받은 자'라는 뜻입니다. 구약시대에는 선지자나 제사장, 그리고 왕을 임명할 때 성령의 상징인 기름을 부어 세웠습니다. 이런 점에서 예수님은 악의 세력으로부터 우리를 지키시고 다스리시는 왕이시며 백성들의 모든 죄를 담당하는 제사장이시며, 백성들을 하나님의 말씀으로 가르치시고 의의 길로 인도하는 선지자로 기름 부음을 받으신 분입니다. 그래서 그리스도라는 이름에는 인류의 죄를 해결하기 위해서 성령 하나님의 특별한 은혜와 능력으로 기름 부음 받으신 분이라는 뜻이 있습니다. 결국 '예수 그리스도'라는 이름에는 우리를 죄에서 구원하시는 분이라는 뜻이 담겨 있습니다.

Q3 그 외에 다른 호칭들은 어떤 것들이 있나요?

1. 하나님의 아들

예수님은 하나님의 '아들', '독생자'(요 3:16)이자 '유일하신 아들'(요 10:37-38)이십니다. 이 표현은 "하늘로서 소리가 있어 말씀하시되 이는 내 사랑하는 아들이요 내 기뻐하는 자라 하시니라."(마 3:17)는 말씀에서 보듯이 삼위일체를 나타내는 이름입니다. 성부 하나님과 구별된 하나님의 영원한 아들이신 성자 하나님을 이렇게 부릅니다. 우리가 고백하는 사도신경에서는 "그 외아들(유일하신 아들) 우리 주 예수 그리스도"라고 고백합니다.

2.　주님

예수 그리스도는 우리의 '주'(主)이시며, '주님'(Lord)이십니다. 주님을 다른 말로 '주인', '왕'을 뜻합니다. "도마가 대답하여 가로되 나의 주시며 나의 하나님이시니이다."(요 20:28), "총독이 물어 가로되 네가 유대인의 왕이냐 예수께서 대답하시되 네 말이 옳도다 하시고"(마 27:11) 라는 말씀처럼 예수 그리스도는 창조주이시며 구속주이시며 심판주이시며 교회의 주인이시고, 만유의 통치자이십니다.

3.　인자

예수님은 "예수께서 가라사대 내가 진실로 너희에게 이르노니 세상이 새롭게 되어 인자가 자기 영광의 보좌에 앉을 때에"(마 19:28)라는 말씀처럼 자신을 일러 자주 '인자'(人子)라고 말했습니다. 구약에서는 이 표현을 장차 오실 메시아와 구원자에 대한 상징적 표현으로 사용했습니다. 또한 예수님은 하나님이시면서 죄인을 구원하기 위해 성령으로 잉태하사 동정녀 마리아의 몸을 취한 성육신 하신 인간이기도 합니다. 그래서 신약에서는 예수님이 자신을 인자라고 호칭하였습니다. 이 인자는 죄인을 위하여 우리의 죄를 담당하시고 십자가에 못 박혀 피흘려 죽으셨습니다. 그러므로 인자는 십자가의 고통을 생각하게 하는 호칭이기도 합니다.

4. 임마누엘

임마누엘은 "하나님이 우리와 함께 계신다."(마 1:23)는 뜻입니다. 천상에 계실 때에도 우리와 함께 하셨고, 지상에 계실 때에도 죄인들과 함께 하셨고, 부활 승천하신 후에는 성령님을 보내시어 이제 믿는 자 안에 거하시며 함께 하시는 분이십니다. 이 비밀을 아는 자가 바로 택자이며 이를 위해 성령님이 지금도 일하고 계십니다.

5. 기묘자

'기묘자'란(Wonderful) '경이로운 자', '불가사의한 자'를 뜻하는 구약의 표현입니다(삿 13:18). 성경은 인간의 이성과 지혜, 감각으로 도저히 알 수 없는 분, 초월적인 능력과 성품으로 오묘하신 일을 행하시는 분으로 예수님을 표현합니다. 예수 그리스도는 인간으로 오셨지만 인간을 초월한 신성한 분이십니다. 예수님은 인성과 신성을 동시에 지니신 분이십니다. 이것을 예수님의 '양성'이라 부르는데 사실 예수님의 모든 삶이 신비스럽고 기묘합니다. 어떠한 인간도 자연적인 상태에서 이 신비를 이해하거나 정확한 지식을 가질 수 없습니다. 오직 성령의 은혜를 입어야만 기묘자로서 예수님을 만나게 되는 것입니다.

6. 알파와 오메가

알파와 오메가는 헬라어의 처음과 마지막 철자입니다. 이 말은 예수님이 '처음이요 나중'(계 1:17, 22:12-13)이라는 뜻이며 이 세상의 모든 것의 출발과 마침이 되시는 창조주요, 심판자이시며 전능하시고 위대하신 신이라는 뜻입니다. 예수님은 하나님이시기에 영원하신 분입니다. 그는 이제도 계시고 전에도 계시며 장차도 계십니다(계 1:8). 그는 어제나 오늘이나 영원토록 동일하신 분이십니다(히 13:8).

Q4 예수님은 신인가요? 아니면 인간인가요?

1. 예수님은 참된 하나님이시며 참된 사람이십니다.

예수님은 신인가요? 아니면 사람인가요? 예수님은 신이시며 동시에 사람이십니다. 많은 분들은 "어떻게 이런 분이 존재할 수 있나요?"라고 놀라워합니다. 이제 우리는 예수님에 대해서 가장 어려운 부분을 말해야 합니다. 이 신비로운 예수님의 존재를 이해하지 못해서 수많은 이단들이 발생하기도 했고, 수많은 사람들이 예수님께 등을 돌리기도 했습니다.

칼케돈 신조(451)에서 "그는 하나님이시며 또한 사람으로 완전하시며, 그는 실제로 하나님이시며 또 실제로 사람이시며, 합리적인 영혼과 몸을 가지고 계신다."라고 고백하듯이 예수님은 삼위 하나님 가운데 제2위이신 성자 하나님이시며 우리와 동일하신 인간이십니다.

어떤 이단들은 성자가 성부보다 낮은 존재이며, 피조물이라고 주장하기도 합니다. 그러나 성자 하나님은 성부 하나님과 신적인 본질에서 동일하시며, 동등하신 하나님이십니다. 그는 하나님의 독생자이시며, 온 우주에 앞서 나셨고, 참 신이시며, 참 빛이시며, 성부 하나님에게서 나셨고, 창조함을 받지 않으셨고, 성부 하나님과 동일본질(본체)이시며, 그는 모든 만물을 창조하신 창조주이십니다.

창조주이시며 위대한 신이신 성자 하나님께서 죄인 된 인간을 구원하시기 위해서 친히 이 땅에 낮고 천한 인간의 몸을 취하여 오셨습니다. 그래서 성자 하나님은 성육신 하신 이후 영원토록 몸을 가지신 신이 되셨습니다. 이것은 상상할 수 없는 하나님의 사랑과 은혜입니다. 이 위대한 사랑을 빌립보서 2장 6-8절에서는 이렇게 말합니다. "그는 근본 하나님의 본체시나 하나님과 동등됨을 취할 것으로 여기지 아니하시고, 오히려 자기를 비어 종의 형체를 가져 사람들과 같이 되었고, 사람의 모양으로 나타나셨으매 자기를 낮추시고 죽기까지 복종하셨으니 곧 십자가에 죽으심이라."

2.   예수님은 한 인격에 신성과 인성을 가지신 분입니다.

예수님은 하나님이시며 사람이십니다. 즉, 예수님은 한 인격에 신성(神性)과 인성(人性)을 함께 가지고 계신 특별한 분입니다. 신성과 인성은 "그 안에는 신성의 모든 충만이 육체로 거하시고"(골 2:9)라는 말씀과 같이 서로 섞이거나 나뉘거나 변화되지 않으시고 각각의 고유한 성질을 간직하여 서로 연합하여 계십니다. 이 두 본성의 연합을 칼케돈 신조(451년)과 웨스트민스터 신앙고백서(1647년)는 가장 아름답게 고백하고 있습니다.

> "이 두 본성은 이 연합으로 인해 결코 없어질 수 없으며, 각 본성의 속성들은 한 위격(one Person)과 한 본체(one Substance) 안에서 둘 다 보존되고 함께 역사한다. 주 예수 그리스도는 두 위격(two Person)으로 나뉘시거나 분리되실 수 없다."(칼케돈 신조)

> "그러므로 온전하고 완전하며 구별되는 두 본성, 곧 신성과 인성이 한 인격 안에서 변화됨 없이, 혼합 없이, 혼동 없이, 서로 분리될 수 없이 결합되었다. 이 분은 참 하나님이시요 참 사람이시나 한 분 그리스도시요, 하나님과 사람 사이에 유일한 중보자이시다."(웨스트민스터 신앙고백서)

그리고 소요리문답 21문에서도 "그는 하나님의 영원한 아들로서 사람이 되셨고, 한 인격 안에 구별된 두 본성을 가졌으며, 과거나 지금이나 계속해서 영원토록 하나님이요 사람이십니다."라고 고백합니다. 한 분 예수님은 인성과 신성의 두 본성을 갖고 계신 분입니다. 이것을 '이성일인격'(二性一人格)이라고 표현합니다. 예수님은 한 분이시며 동시에 두 본성을 가지고 계시다는 것은 삼위일체처럼 신비로운 교리입니다. 왜냐하면 이것은 수학적으로 '2=1'이라고 말하는 것처럼 들리기 때문입니다.

교회 역사 속에서 이성일인격을 잘못 이해하여 수많은 이단들이 등장했습니다. 오늘날도 많은 이단들이 과거처럼 이성일인격을 잘못 주장하고 있기 때문에 역사 속에서 이 교리를 변질시켰던 대표적인 4가지 형태를 아래 내용에서 소개해 보겠습니다.

3. 예수님의 인성과 신성을 잘못 이해한 경우는 무엇인가요?

1) 신성을 부정함

초기 교회시대의 유대인들은 하나님이 인간이 되셨다는 것을 받아들일 수 없었습니다. 특히 그들은 가난한 목수 요셉의 아들이신 예수님이 우주를 통치하시고 자신들을 로마의 포로로부터 구해줄 수 있는 왕이라고 생각할 수 없었습니다. 그래서 유대인들은 예수님을 신성모독 죄로 처형한 것입니다. 이렇게 신약시대에 등장한 이단들은 주로 예수님의 신성을 인정하지 않는 형태로 등장합니다.

　신성을 인정하지 않는 대표적인 이단은 '아리우스'라는 사람이었습니다. 그는 성부의 신성만 강조했고 예수님은 성부가 만드신 피조물이라고 주장했습니다. 신성은 고귀하여 영광스러운 것이기 때문에 어떤 피조물의 모습으로 나타날 수 없다고 생각했습니다. 그래서 예수님과 같은 인간은 결코 하나님이 될 수 없으며, 신성을 소유한 하나님이 될 수 없다고 강조했습니다.

　그는 예수님의 신성을 부정하였으며, 예수님은 단지 신적인 감동을 받은 인간이며, 피조물이며, 인간들 중에 훌륭한 모범적 인물이라고 언급했습니다. 예수님을 인간으로만 생각하여 인성만을 강조했습니다. 오늘날도 자유주의자 신학자들을(성경과 예수님을 부정함) 통해서 예수님을 단지 세계 4대 성인 중 한 사람처럼 주장하는 교리가 종종 가르쳐지기 때문에 주의해야 합니다.

　이런 잘못을 바로 잡기 위해서 정통교회는 니케아 신조(351년)를 통해서 예수님이 성부와 동일하신 참된 신이심을 고백했습니다. "그는 하나님의 독생자이시며, 온 우주에 앞서 나셨고, 참 신이시며, 참 빛이시며, 참 신 가운데 신이시며, 하나님에게서 나셨고, 창조함을 받지 않으셨고, 성부 하나님과 '동일본질(본체)'이시며"

2) 인성을 부정함

인성을 부정하는 대표적인 이단은 '아폴리내리우스'라는 사람입니다. 그는 성자 하나님이 신성을 소유한 하나님이심을 인정했습니다. 그러나 이 신성은 거룩하고 영광스러운 것이기 때문에 인간의 몸을 가진다면 인간의 죄와 충돌할 것이라고 생각했습니다. 결국 그는 신성이 죄인 된 인간의 몸을 가지면 문제가 발생할 수 있다고 생각해서 몸과 영혼으로 구성된 몸이 아니라 신성이 영혼을 대신해서 몸만 빌린 것처럼 생각하여 인성을 부정했습니다. 즉, 신성을 소유한 성자 하나님이 예수님의 영혼은 제거하고 단지 인간의 몸만을 잠시 빌려서 사용했다고 합니다.

어떤 사람은 성자 하나님이 인간에게 자신을 나타내시기 위해서 인간의 몸처럼 보이는 이상한 모양을 잠깐 나타낸 것이라고 합니다. 진짜 인간의 몸이 아니라 가짜 인간의 몸으로 나타난 것처럼 말하여 예수님의 인성을 부정했습니다. 이런 잘못을 바로잡기 위해서 니케아-콘스탄티노플 신조(381년)는 "성령으로 말미암아 동정녀 마리아에게서 나셨으며"라고 고백했습니다.

오늘날 신비주의자들도 자신의 몸에 예수님의 신성이 들어와서 하나님의 음성을 직접 듣고 환상을 보고 예언도 하는 것처럼 사람을 유혹합니다. 즉 이들은 성자의 인성의 중요성을 놓치고 오직 신성의 능력만을 강조하는 잘못을 범하고 있습니다.

3) 2성 1인격을 반대함

이성일인격을 반대한 '네스토리우스'라는 이단이 있습니다. 그는 예수님의 신성과 인성을 인정했습니다. 그러나 두 성이 어떻게 한 인격 안에 존재할 수 있는지를 이해하지 못했습니다. 이것은 과학적으로 이성적으로 받아들일 수 없다고 생각하여 예수님이 두 본성을 가지고 계시다면 예수님은 두 개의 인격을 가지고 계신 두 존재라고 주장했습니다. 즉, '이성이인격'을 말한 것입니다. 그는 한 분 예수님이 하나님의 영원한 아들이시며 사람이라는 성경의 가르침을 변질시켰습니다.

4) 두 본성을 부정하고 한 성만 강조함

신성과 인성의 두 본성을 부정하는 '유티커스'라는 이단이 있습니다. 그는 예수님이 신성과 인성을 가진 한 분, 한 인격이시라면 2성이 될 수 없고 이 두 가지 본성이 섞이고 혼합되어 새로운 하나의 본성이 만들어진 것이라고 주장했습니다. 즉, 그는 한 인격을 지나치게 강조하다가 인성도 신성도 아니 변형된 제3의 한 성만을 주장한 것입니다.

이처럼 이성일인격의 가르침은 여러 방면으로 공격을 받았습니다. 정통교회는 이 교리를 바르게 가르치기 위해서 예수님이 참 하나님이시며, 참 사람이신 이성일인격의 존재임을 칼케돈 신조(451년)에서 다음과 같이 고백했습니다.

> "우리는 이 한 분의 유일하신 그리스도─성자, 주, 두 가지 본성을 가지고 나신 독생자를 인정하며, 이 두 가지 본성이 혼동되거나, 한 본성이 다른 본성으로 변하거나, 두 다른 분리된 모습으로 갈라지거나, 양성의 영역과 기능에 따라 각각 대립되지 않는 것을

인정한다. 각성의 특성은 연합으로 인하여 무효가 되지 않는다. 오히려 각성의 고유성이 보존되고 양성이 한 인격과 한 신격으로 일치를 이룬다. 양성은 갈라지거나 두 본성으로 분리될 수 없고 오직 결합하여 하나님의 한 분이시며 유일하게 독생하신 하나님, 주 예수 그리스도가 되셨다. 옛 예언자들도 이렇게 증거하였고 주 예수 그리스도도 우리에게 이렇게 가르치셨고, 교부들의 신조도 이렇게 우리에게 전달되었다."

Q5 예수님은 어떤 모습으로 오셨습니까?

예수님은 어떤 모습일까요? 많은 사람들이 예수님의 얼굴 모습을 다양하게 그리고 있습니다. 그러나 전부 다른 모습입니다. 예수님의 키는 얼마나 클까요? 예수님의 피부 색깔은 어떤가요? 또한 예수님은 어렸을 때 어떤 모습으로 자랐을까요? 청년이 되어서는 무슨 일들을 하셨을까요?

많이 궁금하지만 성경에서는 이런 내용들에 대해서 침묵하고 있습니다. 왜냐하면 이런 내용이 우리의 구원을 위해서 별로 중요한 지식들이 아니기 때문입니다. 꿈이나 환상을 통해서 예수님을 보거나 만지는 것이 중요한 것이 아니라 성경에서 가르치시는 예수님을 정확히 이해하고 믿는 것이 중요합니다. 우리가 죄에서 구원받기 위해서 반드시 알아야 하는 예수님의 모습들이 있습니다. 즉, 예수님께서 우리의 죄를 제거하고 의롭게 해 주시기 위해서 행하신 구원의 일들을 바르게 깨닫는 것이 중요합니다.

이제 그 내용을 소개합니다. 예수님께서 우리의 구원을 위해서 행하시는 일들은 크게 둘로 나눕니다. 첫째는 우리의 죄를 대신 짊어지기 위해서 낮아지셔서 고통당하신 모습입니다. 이것은 예수님의 낮아지심(비하)이라고 하며 보통 5 단계로 나눕니다. 둘째는 죄인 된 우리가 의롭게 되어 하나님께 나아갈 수 있는 구원의 은혜를 베풀어 주기 위한 영광스러운 모습입니다. 이것은 예수님의 높아지심(승귀)라고 하며 보통 4단계로 나눕니다.

1.   다섯 가지 모습으로 낮아지셨습니다.

이는 인간 구원 사역을 위하여 우주의 주권적 통치자이신 그리스도께서 신적 위엄을 스스로 버리고 인성을 취하여 율법의 요구와 저주 아래에 놓인 상태를 가리킵니다. 다시 말해 그리스도는 하나님이시므로 굳이 인간으로 오실 필요가 없지만 오직 죄인을 구원하기 위해 스스로 비천한 신분으로 하늘에서 이 땅으로 내려오신 것입니다.

인간이 당하는 모든 희로애락을 똑같이 당하는 처지가 되었다는 것입니다. 낮아지심은 하나님이 인간을 정말로 사랑하지 않고서는 불가능합니다. 마치 부모가 자식을 대신해 자기 목숨을 희생할 수 있는 것은 자식을 자기 목숨보다 더 사랑하기 때문에 가능합니다. 하나님은 우리의 구원을 위해 스스로 목숨을 희생하였습니다. 예수님의 낮아지심과 높아지심은 사도신경의 내용을 따라서 소개하겠습니다.

1) 성육신

성육신은 하나님이신 예수님께서 우리를 구원하시기 위해서 인간의 몸을 취하셔서 이 땅에 태어나신 것을 말합니다. 성자 하나님께서 인간의 몸을 가지신 것보다 더 큰 낮아지심은 없습니다. 가장 위대하신 하나님이 낮고 연약한 인간이 되신 것입니다. 하이델베르크 요리문답은 이 성육신의 은혜를 다음과 같이 고백합니다.

"제35문: '성령으로 잉태하사 동정녀 마리아에게 나시고'라는 말은 무엇을 뜻합니까? 답: 하나님의 영원하신 아들이 참되시고 영원하신 하나님의 본질을 그대로 지니신 채 성령의 사역을 통하여 처녀 마리아의 몸으로부터 진정한 인간의 본질을 취하셔서 죄를 제외하고는 모든 것이 우리와 같은 인간이 되어 다윗의 후손으로 나셨다는 뜻입니다."

"제36문: 예수님의 거룩한 잉태와 탄생으로 말미암아 우리가 얻는 유익은 무엇입니까? 답: 그가 우리의 중보자가 되셔서 흠 없고 완전한 성결로써 잉태될 때부터 가지고 있는 우리의 죄를 하나님 앞에서 제하여 주시는 것입니다."

2) 고난 받으심

예수 그리스도는 율법을 만드신 분입니다. 그럼에도 스스로 율법에 순종하는 삶을 살았습니다. 율법의 주인이 율법에 복종해야 하는 위치로 낮아지신 것입니다. 예수님은 전 생애를 통해 육체적으로 뿐 아니라 영적으로도 심한 고통을 받았습니다. 예수님의 고난은 우리 죄로 인한 하나님의 진노를 홀로 다 받으신 것입니다. 그리고 하나님의 진노에서 벗어나게 하시사 우리를 죄와 사망의 권세로부터 해방시키신 것입니다. 이와 관련하여 하이델베르크 요리문답은 이렇게 고백합니다.

"제37문: '고난을 받으사'라는 말은 무엇을 뜻합니까? 답: 예수님께서 전 생애를 특히 그의 마지막 순간에 전 인류의 죄에 대한 하나님의 진노를 친히 몸과 영혼으로 받으셨다는 것입니다. 그리스도의 고난은 우리의 몸과 영혼을 영원한 정죄로부터 해방시켜서 하나님의 은혜와 의와 영생을 주시기 위한 유일한 구속 제사였습니다."

3) 십자가에 죽으심

예수님은 실제로 십자가 형벌을 받고 죽으셨습니다. 십자가 처형은 수치와 저주의 죽음입니다(갈 3:13). 그러나 이 죽음은 돌발적인 사건이 아니라 우리의 구원을 위해서 반드시 필요한 과정이었습니다. 예수님이 죽지 않으셨다면 우리의 죄는 영원히 남아 있는 것입니다. 그러나 예수님은 그의 죽으심으로 우리를 대신하여 죄의 형벌을 받으셨습니다. 인간이 하나님 앞에서 받은 정죄는 가장 무섭고 비참한 저주입니다. 이 저주를 친히 예수님께서 대신 짊어지셨습니다. 이와 관련하여 하이델베르크 요리문답은 이렇게 고백합니다.

"제39문: 예수님께서 다른 방법이 아니라 '십자가에 달려 죽으셨다'는 것이 그렇게도 중요합니까? 답: 그렇습니다. 십자가의 죽음은 하나님의 저주의 죽음이기 때문에 그의 죽음은 내가 받아야 할 저주를 대신 짊어지셨다는 확신을 줍니다."

"제40문: 왜 그리스도께서는 죽음의 길로 가셔야만 했습니까? 답: 하나님의 공의와 진리가 그것을 요구하기 때문입니다. 즉, 오직 하나님의 아들의 죽음을 통하는 방법 외에는 우리의 죄에 대한 값을 지불할 수 있는 다른 방법이 있을 수 없기 때문입니다."

4) 장사되심

예수님은 참 인간이셨기 때문에 죽으신 다음에 인간처럼 장사되셨습니다. 무덤에 묻히심으로 예수님의 완전한 죽음이 확증되었습니다. 우리를 위해서 십자가에 죽으신 예수님은 실제로 죽으셨고 장사되셨습니다. 이와 관련하여 하이델베르크 요리문답은 이렇게 고백합니다.

"제41문: 왜 그리스도는 '장사지내'졌습니까? 답: 그의 장사는 그의 죽음이 실제적으로 사실이라는 것을 증거해 줍니다."

5) 지옥에 내려가심

"지옥에 내려가시고"라는 사도신조의 표현은 지금은 없습니다. 그러나 장로교회에서 초기에 이 고백을 했습니다. 후에 타교단과 통합 사도신조를 만들면서 사라졌습니다. 하지만 이 고백은 초기 교회시대에서도 고백했었고, 특히 종교개혁시대에 루터나 칼뱅의 교리문답에 담겨있었으며, 지금까지 개혁교회나 장로교회에서는 전통적으로 이 고백을 지켜왔습니다.

예수님이 지옥에 내려가셨다는 것은 실제로 지옥에 내려가셨다는 의미가 아님을 주의해야 합니다. 지옥에 가셔서 승리를 외치거나(루터파) 복음을 전파하거나(로마 카톨릭) 한 것이 아닙니다. 이 고백은 "제구시 즈음에 예수께서 크게 소리질러 가라사대 엘리 엘리 라마 사박다니 하시니 이는 곧 나의 하나님, 나의 하나님, 어찌하여 나를 버리셨나이까 하는 뜻이라."는 고백처럼 예수님의 십자가 죽으심과 고난은 지옥의 형벌을 맛보는 정도의 엄청난 고통과 괴로움임을 '상징적'으로 가르쳐 주는 예수님의 고난에 대한 강조표현입니다. 이와 관련하여 제네바 교리문답과 하이델베르크 교리문답은 이렇게 고백합니다.

"제65문: '지옥에 내려가셨다가'라는 말이 가르치는 의미는 무엇입니까? 답: 이것은 그리스도께서 영과 육체의 분리를 뜻하는 자연적인 죽음의 고통만을 겪으신 것이 아니라 그분의 영혼이 베드로가 '죽음의 고통'이라고 말한 것처럼 상상하기 힘든 괴로움 속에 갇혀 있었음을 말해 주는 것입니다."(제네바 교리문답)

"제44문: 왜 사도신경에는 '음부에 내려가셨다가'라는 귀절이 덧붙여져 있습니까? 답: 내가 개인적인 유혹과 위기에 처해 있을 때마다 주 그리스도께서 그 삶을 통하여 특히 십자가상에서 말로 다할 수 없는 영혼의 슬픔과 고통을 겪으심으로써 지옥의 고통과 슬픔으로부터 나를 구원하셨다는 것을 확신시켜 주기 위해서 입니다."(하이델베르크 요리문답)

2. 네 가지 모습으로 높아지셨습니다.

예수 그리스도는 인간으로 이 땅에 오시어서 모든 구원의 사역을 완성하신 후 다시 원래의 자리로 돌아가셨습니다. 예수님의 겉모습은 비록 초라하고 연약한 인간의 모습이었지만 그분은 영원한 하나님이시기 때문에 하나님이 가지시는 영광과 존귀를 다시 회복하셨습니다. 이것을 우리는 '높아지심'(승귀)이라고 부릅니다. 그리고 이 높아지심을 통해서 연약한 우리 인간도 부활하고 영화롭게 되어 하나님의 보좌 앞에 나아갈 수 있는 엄청난 은혜를 가지게 되었음을 배우게 됩니다.

1) 부활하심

높아지심의 첫 번째 일은 죽은 지 3일 만에 부활하신 것입니다. 이 부활이 있기에 기독교는 다른 어떤 종교보다 위대하고 가치가 있습니다. 사망과 죽음은 하나님의 정죄와 저주로 주어진 인간의 참혹한 비참입니다. 어떤 인간도 이 죽음을 피할 수 없습니다. 그런데 이제 사망으로부터 벗어날 수 있는 길이 주어졌습니다. 고린도전서 15장 54절에 "이 썩을 것이 썩지 아니함을 입고 이 죽을 것이 죽지 아니함을 입을 때에는 사망이 이김의 삼킨 바 되리라고 기록된 말씀이 응하리라."는 말씀처럼 예수님의 부활은 인간이 다시 부활할 수 있다는 큰 위로와 소망입니다. 이제 예수님 덕분에 성도들도 부활에 대한 소망을 가지게 되었으며 부활이 있었기에 구원의 길이 실제로 펼쳐진 것입니다. 이와 관련하여 하이델베르크 요리문답은 이렇게 고백합니다.

> "제45문: 그리스도의 부활이 우리에게 주는 유익은 무엇입니까?
> 답: 첫째, 그리스도께서 죽음을 이기고 부활하심으로써 성취하신 의에 우리도 동참할 수 있게 되었습니다. 둘째, 그의 능력으로 말미암아 우리도 이미 새로운 생명으로 부활한 것입니다. 셋째, 그리스도의 부활은 영광스러운 우리의 부활에 대한 보증입니다."

2) 승천하심

예수님은 제자들이 보는 가운데 부활하신 모습 그대로 하늘로 승천하셨습니다. 이것은 원래 계셨던 자리로 돌아가는 것이었습니다. 예수님은 자신이 하늘로 가야만 약속한 성령을 보내줄 수 있다고 했습니다(요 16:7). 예수님의 승천은 더 이상 우리가 재림 전까지 예수님을 눈으로 볼 수 없다는 것을 의미하기도 합니다. 그리고 예수님께서 승천하심으로 하나님께로 갈 수 있는 길을 열어 두신 것처럼 우리도 하나님께 나갈 수 있는 길이 열렸음을 알게 됩니다. 이와 관련하여 하이델베르크 요리문답은 이렇게 고백합니다.

> "제46문: '하늘에 오르사'라는 말의 의미는 무엇입니까? 답: 그리스도께서는 제자들이 보는 가운데서 지상으로부터 하늘로 올라가셨으며 장차 산 자와 죽은 자를 심판하기 위해 다시 오실 때까지 우리를 위해 그곳에 계신다는 것입니다."

3) 하나님 보좌 우편에 앉으심

이제 승천하신 예수님은 하나님 우편에 앉아 계십니다. 여기서 우편이란 우리가 말하는 어떤 장소적인 개념이 아니라 하나님으로부터 부여받은 모든 권세를 가지신 상태에 대한 상징적인 말씀입니다. 고대 사회에서는 왕권을 이어받는 왕자가 주로 우편에 앉았기 때문에 예수님의 권위를 강조하기 위해 이런 비유를 하신 것입니다. 승천하신 후 예수 그리스도는 지금도 죄인의 구원을 위해 기도해 주시고, 보호하시고, 도와주시는 일을 계속 행하고 계십니다. 이와 관련하여 하이델베르크 요리문답은 이렇게 고백합니다.

"제50문: 왜 그 다음 구절은 '하나님 우편에 앉으시고'입니까?
답: 그리스도께서는 하늘에 오르셔서 하나님 우편에 앉으셨는데 그곳은, 그분이 교회의 머리이시고 성부께서 그를 통하여 만물을 다스리시고 계심을 보여주는 곳입니다."

"제51문: 우리의 머리이신 그리스도의 그러한 영광이 우리에게 주는 유익은 무엇입니까? 답: 첫째, 그리스도는 성령을 통하여 지체인 우리들에게 하늘의 은사를 부어주십니다. 둘째, 그리스도는 그 크신 능력으로 모든 원수들로부터 우리들을 지키고 보호해 주십니다."

4) 심판하기 위해서 다시 오심(재림)

예수님은 최후심판 때 심판주로 이 땅에 다시 오십니다. 따라서 예수님을 무시하고 외면했던 많은 사람들은 죄와 형벌을 받게 될 것입니다. 그러나 예수님을 구주로 영접하고 섬겼던 우리들은 예수님의 재림이 가장 큰 위로와 소망이 됩니다. 이와 관련하여 하이델베르크 요리문답은 이렇게 고백합니다.

"제52문: '산자와 죽은 자를 심판하기 위한' 그리스도의 재림은 당신에게 어떤 위안을 줍니까? 답: 박해와 고통 가운데 처해 있을 때에도 나는 하늘을 보며 내 대신 하나님의 심판대 앞에 서심으로써 나에게 미칠 모든 저주를 없애 주신 심판의 주를 확신 있게 기다립니다. 그리스도께서는 모든 원수들에게 영원한 형벌을 내리실 것입니다. 그러나 나를 비롯한 모든 성도들은 하늘의 기쁨과 영광으로 인도하실 것입니다."

Q6 그리스도는 우리의 구원을 위해 어떤 일을 하셨나요?

예수님은 이 땅에 오셔서 수많은 일들을 하셨습니다. 그러나 성경은 그 모든 것을 다 기록해 놓지 않고 몇 가지만 정리해서 소개해 주고 있습니다. 우리의 구원을 위해서 꼭 필요한 내용만을 정리해서 가르치고 있습니다. 대표적으로 선지자, 제사장, 왕의 일을 소개합니다.

1. 선지자

구약의 선지자들은 백성들에게 하나님의 뜻을 전달해 주고 율법의 뜻을 해석하고 가르쳐서 하나님이 누구신지를 깨닫게 했습니다. 예수님도 우리에게 하나님이 누구신지, 하나님의 뜻이 무엇인지, 성경의 바른 의미가 무엇인지를 자세히 가르쳐 주시는 선지자의 일을 하셨습니다.

예수님은 일하시는 동안 성부와 성령 하나님이 누구신지를 가르쳤습니다. 또한 천국에 대해 사람들에게 많은 이야기를 들려주었습니다. 그리고 예수님은 자기가 하늘에서 이 땅에 온 목적은 하나님이 자신에게 주신 자신의 백성들을 천국으로 데려가기 위함이라고 말씀했습니다. 즉, 죄에서 어떻게 구원받아 하나님과 영원한 교제를 나눌 수 있는지 가르쳐 주셨습니다.

사람들이 천국에 대해 한 번도 들어보지도 못하였고, 보지도 못하였기 때문에 예수님은 천국 이야기를 할 때 주로 비유를 통해 설명해 주셨습니다. 나아가 예수님은 사람들에게 하나님의 뜻을 알리고 하나님이 어떤 분이신가를 가르치셨으며, 그리고 천국 백성으로서 살아가야 할 도덕과 윤리에 대해 가르치시고 회개를 촉구하셨습니다. 이런 예수님의 선지자 사역은 교회의 설교를 통해서 계속되고 있습니다.

2. 제사장

예수님의 중요한 사역 중 두 번째는 제사장의 일입니다. 제사장은 구약에서 제물을 통해 하나님을 위한 제사를 인도하던 사람입니다. 이 제사를 통해서 백성들과 하나님의 사이를 연결해 주는 구원의 일을 감당했습니다. 이처럼 예수님도 자신을 제물처럼 십자가에 죽으심으로 죄인 된 우리와 하나님 사이를 연결해 주셨습니다.

예수님이 성육신하여 이 땅에 오신 가장 큰 목적은 죄인의 죄를 대신 짊어지시고 그 영혼을 구원하기 위함입니다. 이 일을 완성하기 위해 하나님께서 독생자 그리스도의 희생을 통한 속죄의 사역을 완성하였습니다. 예수님은 자신을 희생하여 죄인들에게 영원히 살 길을 열어주셨습니다. 이 일은 하나님의 사랑에서 비롯된 것이며 하나님의 기쁘신 뜻에 따라 이루어진 일입니다.

이 속죄는 그리스도의 죽음으로 생겨난 역사적이며 객관적인 사건이며, 단 한 번으로 성취된 사건입니다. 그러나 속죄의 효력은 모든 사람에게 적용되는 것이 아니라 하나님께서 영원 전부터 특별히 선택하셔서 사랑한 자에게만 해당됩니다. 이것을 '제한 속죄'라고 부르기도 합니다.

일반적으로 속죄에는 네 가지 의미가 있습니다. 첫째, 제물 되신 그리스도의 죽음 속에 포함된 제사의 의미가 있고, 둘째, 하나님의 진노를 가라앉히는 의미가 있으며, 셋째, 하나님과 인간 사이의 담을 허무는 화목의 의미, 그리고 넷째, 궁극적인 의미로 택한 자를 죄 가운데서 건지시는 구속의 의미가 있습니다. 이 사역은 현재 교회의 섬김과 구제와 봉사를 통해서 적용됩니다.

3. 왕

구약에서 왕은 백성들의 생명을 적으로부터 지켜주며, 먹을 양식을 공급해 주기도 하고 교육하고 돌봐주며 아버지처럼 보호자로 표현됩니다. 이처럼 예수님도 인간을 파괴하고 멸망시키려는 사단의 무서운 공격으로부터 왕처럼 우리를 보호해 주시고 막아주십니다. 수많은 질병과 사고로부터 성도들이 어려움을 겪지 않도록 돌봐주십니다.

우리의 연약함 때문에 죄에 빠졌을 때는 엄히 책망하셔서 죄를 짓지 못하도록 가르치시고 양육하십니다. 왕처럼, 아버지처럼 예수님은 우리의 보호자요, 인도자이십니다. 이 사역은 현재 교회의 치리와 권징을 통해서 우리의 죄를 막아주시는 형태로 적용됩니다.

기독론 요약

주제		내용
예수님 존재	이름	예수님. 그리스도. 인자. 하나님의 아들. 주님. 독생자. 외아들.
	삼위일체	성부, 성자, 성령 하나님 중 제2위격이신 성자 하나님. 성부에게서 나신 하나님의 아들.
	인격	이성일인격의 예수님. 신성과 인성을 가지심. 참 하나님이시며 참 사람이심. 신성과 인성의 조화. 4가지 이단 주의(신성부정, 인성부정, 이성일인격 부정, 두 성부정).
예수님 신분	낮아지심/비하 5	성육신(탄생). 고난 받으심. 죽으심. 장사됨. 지옥에 내려가심(지옥고통 받으심).
	높아지심/승귀 4	부활하심. 하늘로 올라가심(승천). 하나님 우편에 앉으심. 다시 오심(재림).
예수님 직분	선지자	하나님의 뜻을 우리에게 가르쳐 주심. 성경을 주심 (현재: 목사님 설교와 성경공부를 통해서 이루어 짐.)
	제사장	십자가에 죽으시고 그의 피로 우리의 죄를 없애 주심. 불쌍히 여겨 주심 (현재: 교회의 구제와 섬김과 봉사로 실천 됨.)
	왕	사단의 권세를 십자가로 깨뜨리시고 우리를 해방시켜 주심. 악의 세력으로부터 보호하심 (현재: 교회의 권징을 통해서 죄를 막아 주심.)

다섯 번째 교리 **구원론(성령론)**
예수님을 어떻게 만날 수 있나요?

Q1 예수님을 만나는 방법은 무엇인가요?

예수님을 모르는 사람들이 가장 많이 하는 질문 중 하나는 "예수님이 누구세요?"이고, 또 다른 하나는 "예수님을 어떻게 만나요?"라는 것입니다. 보통 사람들은 예수님을 만나는 방법을 이렇게 생각하곤 합니다. 꿈에서 만나나요? 아니면 환상 중에 보이나요? 예수님 만나면 쓰러져서 몸을 막 떠나요? 이상한 소리를 내나요? 목사님이 기도해 주면 예수님이 보이나요? 그러나 이런 생각들은 잘못 되었습니다. '구원론'에서는 바로 예수님을 만나는 참된 방법을 가르쳐 줍니다.

성경은 예수님이 십자가에 죽으신 후 삼일 만에 부활하시고 제자들이 보는 앞에서 하늘로 승천하여 가셨다고 말합니다. 또한 삼위일체 하나님은 영(靈)이신 하나님이시기에 우리 눈에 보이지 않는다고 말합니다. 그래서 이제는 예수님을 우리의 눈으로 보거나, 만질 수 있거나, 소리로 듣거나, 감각으로 느낄 수 없습니다. 오늘날 이단들은 예수님을 마치 눈으로 볼 수 있고 만질 수 있는 것처럼 이상하게 말하는데, 이런 말에 속지 말아야 합니다.

예수님은 하나님이시기 때문에 옆집 아저씨처럼, 또는 부모님처럼, 시골에 계신 할아버지나 할머니처럼 아무 때나 내가 원하면 언제든지 찾아가서, 전화로, 편지로 쉽게 만날 수 있는 분이 아닙니다. 그래서 많은 사람들이 예수님을 만나지 못했으면서도 만난 것처럼 착각하기도 하고, 이상한 귀신을 만나고 마치 예수님을 만난 것처럼 오해하기도 합니다. 성경은 예수님을 만나는 바른 방법으로 간단히 두 가지를 소개합니다. 첫째는 성령 하나님이 우리를 도와주시는 방법이고, 둘째는 성경의 내용을 믿는 믿음을 통해서 일어납니다. 이 두 가지를 자세히 살펴봅시다.

1. 성령 하나님이 도와주십니다.

예수님은 하나님이시기 때문에 요한복음 1장 13절의 "이는 혈통으로나 육정으로나 사람의 뜻으로 나지 아니하고 오직 하나님께로서 난 자들이니라."라는 말씀처럼 인간적인 방법으로는 그분을 만나는 것이 불가능합니다. 또한 우리의 힘과 노력으로 만날 수 있는 분이 아닙니다. 그래서 성경은 성령 하나님께서 우리의 연약함을 이해하시고 우리가 예수님을 만날 수 있도록 도와주신다고 말합니다. 따라서 구원론은 성령 하나님께서 우리가 예수님을 만날 수 있도록 어떻게 도와주시는지를 가르치는 성령 하나님에 대한 이야기라고 말 할 수 있습니다.

그러면 성령님은 우리가 예수님을 믿을 수 있도록 어떻게 도우실까요? 신비한 현상만을 강조하는 이상한 교회에서는 성령님이 임하시면 몸이 막 떨리고, 쓰러지고, 이상한 소리를 하며, 정신 나간 사람처럼 변한다고 말합니다.

하지만 요한복음 16장 13절에서 "진리의 성령이 오시면 그가 너희를 모든 진리 가운데로 인도하시리니 그가 자의로 말하지 않고 오직 듣는 것을 말하시며 장래 일을 너희에게 알리시리라."라고 말씀하듯이 성령 하나님께서는 하나님을 싫어하고 성경을 가까이 하지 않으려는 우리의 마음을 변화시켜 주십니다. 악한 죄에 빠져서 삐뚤어진 우리의 마음을 바꾸어 성경을 읽고 싶어 하고 예수님에 대해서 알고 싶은 마음을 갖게 하여 하나님을 사랑하도록 도우십니다. 이런 성령의 도우심을 하이델베르크 요리문답은 다음과 같이 말합니다.

> "제21문: 참된 믿음이란 무엇입니까? 답: 참된 믿음이란 하나님께서 말씀으로 계시하신 모든 것은 진실하다는 것을 아는 지식입니다. 즉, 그리스도의 순전한 은혜로 말미암아 다른 사람뿐만 아니라, 나도 역시 죄를 용서받았고 하나님 앞에서 영원히 의롭게 되었으며 구원받게 되었다는 것을 성령께서 말씀을 통하여 내게 불어넣어 주시는 것을 믿는 굳건한 확신입니다."

2. 예수님을 만나는 방법은 오직 '믿음'뿐입니다.

두 번째 방법은 믿음을 통해서 예수님을 만납니다. 로마서 1장 17절은 "복음에는 하나님의 의가 나타나서 믿음으로 믿음에 이르게 하나니 기록된 바 오직 의인은 믿음으로 말미암아 살리라 함과 같으니라."고 말합니다. 예수님을 믿고 의인이 되기 위해서는 꼭 믿음을 가져야 한다고 말합니다. 그러나 이 "믿음"이라는 표현이 오늘날 많이 변질되어서 이상한 의미로 소개되고 있습니다.

'믿음'이라는 말은 무슨 의미인가요? 어떤 사람은 자기가 환상 속에서 본 이상한 경험을 믿는다고 말합니다. 다른 사람은 병 고침이나 기적을 믿는다고 말합니다. 또는 자기 소원이 이루어지는 것을 믿는다고 말합니다. 이런 믿음으로는 구원을 얻지 못합니다. 참된 믿음은 성경에서 가르치는 삼위일체 하나님을 믿는 것입니다. 즉 예수님이 우리 죄를 위해서 이 땅에 오셨고, 십자가에 죽으셨으며, 부활하셨다는 내용을 믿는 것입니다.

이것은 '사도신조'라는 신앙고백에 요약되어 있기도 합니다. 결국 믿음이란 사도신조의 내용에서 소개되는 성경의 중요한 내용들(교리)을 배우고, 이해하며, 의지하고 사랑하는 것입니다. 바로 이 믿음만이 우리를 죄에서 구원하는 방법입니다. 이제 두 가지를 좀 더 자세하게 배워봅시다.

Q2 구원에 이르는 길은 무엇인가요?

성경에서는 성령 하나님께서 우리를 도와 주셔서 구원에 이르도록 하시는 일들을 좀 더 자세하게 소개하고 있습니다. 이것은 보통 9가지로 나누어집니다. '소명 -〉 중생 -〉 회개 -〉 신앙 -〉 칭의 -〉 양자 -〉 성화 -〉 견인 -〉 영화'입니다. 이런 구분은 로마서 8장 29-30절에서 "하나님이 미리 아신 자들로 또한 그 아들의 형상을 본받게 하기 위하여 미리 정하셨으니 이는 그로 많은 형제 중에서 맏아들이 되게 하려 하심이니라. 또 미리 정하신 그들을 또한 부르시고 부르신 그들을 또한 의롭다 하시고 의롭다 하신 그들을 또한 영화롭게 하셨느니라."고 소개합니다.

그러나 주의해야 할 것이 있습니다. 9가지는 계단처럼 단계가 정확히 구분되어 일어나는 시간적인 것이 아니라, 어떤 것은 동시적으로, 어떤 것은 단 한 번, 어떤 것은 죽을 때까지 다양하게 나타납니다. 따라서 이 구분은 성령님이 일하시는 구원의 과정들을 잘 이해할 수 있도록 설명하는 구분으로 이해해야 합니다.

1. 소명(부르심)

구원의 첫 시작은 하나님께서 우리를 구원으로 초대하시며 인도해 주시는 '소명'(부르심)에서 시작합니다. 예수님을 만날 수 있는 것은 이와 같은 하나님의 부르심이 먼저 시작되어야만 일어날 수 있습니다. 죄인 된 인간은 자기 스스로 먼저 하나님을 찾을 수 없기 때문입니다. 죄인을 사랑하시는 하나님께서는 아무 조건 없이 죄인을 찾아 오셨고, 그들을 구원으로 초대하시는 부르심을 시작하셨습니다.

우리의 신앙고백인 웨스트민스터 신앙고백서 10장 1절에서 이런 하나님의 은혜를 이렇게 고백합니다. "하나님께서는 생명에 이르도록 예정하신 모든 사람들을, 그리고 그들만을, 자신이 정하시고 적당하다고 생각하시는 때에, 효과적으로 부르시되, 그의 말씀과 성령으로 하시며, 그들이 태어나면서부터 처해 있는 죄와 사망의 상태에서 불러내어 예수 그리스도로 말미암은 은혜와 구원에로 인도하신다."

이것은 하나님께서 스스로 하시는 일이며 우리의 마음속에서 일어나는 것이기 때문에 우리가 알 수 없는 시간에, 알 수 없는 장소에서 일어납니다. 그래서 우리는 부르심의 현상을 느끼거나 볼 수 없습니다. 다만 회개와 믿음을 고백한 후에야 이 사실을 깨닫게 됩니다. 다만 외적인 부르심의 형태는 교회의 설교와 전도를 통해서 이뤄집니다.

하나님은 우리의 구원을 위해서 이렇게 오래 전에, 또한 신비로운 방법으로, 그리고 놀라운 은혜로 준비해 주시고 시작해 주셨습니다. 이것을 에베소서 1장 4절-5절에서 "창세전에 그리스도 안에서 우리를 택하사 우리로 사랑 안에서 그 앞에 거룩하고 흠이 없게 하시려고, 그 기쁘신 뜻대로 우리를 예정하사 예수 그리스도로 말미암아 자기의 아들들이 되게 하셨으니"라고 말합니다.

2. 중생(거듭남)

중생은 무엇일까요? 죄 때문에 죽은 영혼이 성령 하나님의 도우심으로 다시 살아나는 것을 말합니다. 우리 몸과 영혼은 살아 있는 것 같지만 하나님을 찾지도, 예배하지도 않기 때문에 영적으로는 죽은 영혼입니다. 따라서 영혼은 새롭게 태어나지 않으면 절대로 하나님을 만날 수도 없고, 예수님을 영접할 수도 없습니다.

영혼이 이렇게 다시 태어나는 것을 '거듭남'이라고 합니다. 요한복음 3장 3-5절에서 예수님과 니고데모의 대화 속에 이 거듭남이 소개됩니다. "진실로 진실로 네게 이르노니 사람이 거듭나지 아니하면 하나님 나라를 볼 수 없느니라. 니고데모가 가로되 사람이 늙으면 어떻게 날 수 있사옵니까? 두 번째 모태에 들어갔다가 날 수 있사옵니까? 예수께서 대답하시되 진실로 진실로 네게 이르노니 사람이 물과 성령으로 나지 아니하면 하나님 나라에 들어갈 수 없느니라."

니고데모는 다 큰 어른이 새롭게 태어나야 한다는 말을 이해할 수 없었습니다. 그래서 엄마 배 속에 다시 들어갔다 나와야 하는지 물었습니다. 그러나 예수님은 거듭남이란 성령님의 도우심으로 우리의 강팍하고 죄악 된 마음이 새롭게 되어 하나님과 성경을 사랑하는 마음의 변화라고 가르쳐 주셨습니다.

웨스트민스터 신앙고백 10장 1절에서는 중생을 이렇게 고백합니다. "그들의 마음을 영적으로, 그리고 구원에 관하여 깨우쳐서 하나님의 일들을 이해하게 하시며, 그들의 돌같이 굳은 마음을 제하시고 그들에게 살같이 부드러운 마음을 주시며, 그들의 의지들을 새롭게 하시고, 그의 전능하신 능력으로 그들이 선한 것을 결심하게 하시며, 그리고 효과적으로 그들을 예수 그리스도에게로 이끄신다."

'중생'도 '부르심'처럼 성령님께서 전적으로 하시는 일이기 때문에 우리가 느끼거나 만질 수 있는 것이 아닙니다. 우리도 모르는 사이에 성령님께서는 우리를 죄악 속에서 다시 태어나게 하시는 것입니다. 그래서 어느 날부터인가 우리의 마음은 성경을 읽고 싶고, 예수님에 대해서 배우고 싶고, 하나님을 좋아하는 마음으로 변화되어 가는 것을 알 수 있습니다.

3. 회개(뉘우침)

어떤 사람이든지 제일하기 어려운 말이 하나 있습니다. 그것은 "제가 잘못 했어요." "미안해요." "용서해 주세요."라는 말입니다. 자기 잘못을 인정하고 용서를 구하는 것이기 때문에 정말 자존심 상하고 창피합니다. 어렸을 때는 부모님이 야단치면 잘 뉘우칩니다. 그러나 점점 어른이 될수록 나의 잘못을 인정하고 용서를 구하는 것은 너무나 힘든 일입니다.

'회개'란 창피한 일이고 자존심 상하는 일이지만 자신의 잘못을 깊이 반성하고 뉘우치는 것을 말합니다. 회개의 내용에는 하나님이 없다고 생각했던 것, 예수님은 나의 죄를 위해서 십자가에 죽으신 것이 아니라 그저 4대 성인 중 한 분이라고 생각했던 것, 성경은 소설같이 믿을 수 없는 얘기라고 거부했던 것, 교회 다니는 것이 시간 낭비라고 생각했던 것 등과 같이 하나님을 싫어했던 모든 생각과 행동이 포함됩니다.

사도행전 2장 36-38절에서 베드로는 회개에 대해서 "이스라엘 온 집이 정녕 알지니 너희가 십자가에 못 박은 이 예수를 하나님이 주와 그리스도가 되게 하셨느니라 하니라. 저희가 이 말을 듣고 마음에 찔려 베드로와 다른 사도들에게 물어 가로되 형제들아 우리가 어찌할꼬 하거늘, 베드로가 가로되 너희가 회개하여 각각 예수 그리스도의 이름으로 세례를 받고 죄 사함을 얻으라 그리하면 성령을 선물로 받으리니"라고 말합니다.

예수님을 영접하지 않고 자기 혼자 힘으로 살 수 있는 것처럼 살았던 모습이 죄이며, 이 죄를 뉘우치고 하나님께 나와서 용서를 구하라고 지적합니다. 백성들은 마음이 찔려서 그동안 하나님이 없다고 부인했던 것을 뉘우치고 이제는 하나님을 인정하고 예배하기로 회개합니다.

4.　　신앙(믿음)

회개와 신앙은 동시에 일어나기도 합니다. 예수님을 거부하고 하나님을 예배하지 않고 나 혼자 힘으로 살려고 했던 잘못을 회개하고, 이제는 하나님을 인정하고 예수님이 나의 죄를 위하여 십자가에 죽으시고 부활하신 것을 받아들이겠다고 마음의 결단을 내립니다. 이 후자의 고백이 바로 '믿음'입니다.

　로마서 10장 9-10절에서 믿음을 이렇게 표현합니다. "네가 만일 네 입으로 예수를 주로 시인하며 또 하나님께서 그를 죽은 자 가운데서 살리신 것을 네 마음에 믿으면 구원을 얻으리니, 사람이 마음으로 믿어 의에 이르고 입으로 시인하여 구원에 이르느니라."

　예수님을 나의 구원자로 인정하고 받아들이며, 이제는 하나님을 의지하고 신뢰하겠다는 마음의 고백이 믿음입니다. 믿음이란 어떤 초자연적인 체험이나 기적, 환상 등을 경험하는 것이 아닙니다. 우리의 마음이 예수님을 구원자로 인정하지 않던 것이 이제는 예수님 때문에 내가 지옥가지 않고 하나님의 자녀가 되었음을 인정하는 우리 마음의 변화를 말하는 것입니다.

　또한 믿음이란 예수님을 4대 성인 중의 한 분으로 아는 그런 역사적인 지식도 아닙니다. 로마 카톨릭처럼 신부들이 가르치는 것을 그대로 따라하는 것도, 그리고 여러 가지 조각들과 종교물품을 소유하면 잘 될 것이라는 마음도 믿음이 아닙니다. 그리고 나는 행복해 질 거야, 나는 잘 될 거야라고 자기 마음의 소원을 확신하는 심리적인 현상도 아닙니다.

참된 믿음은 성경이 가르치는 내용을 이해하고 받아들이는 것입니다. 이 내용이 사도신조나 웨스트민스터 신앙고백에 담겨 있기 때문에 이런 교리들을 믿고 의지하는 것이 바로 믿음입니다. 이 믿음만이 우리를 죄에서 구원하는 것입니다.

회개와 믿음은 성령 하나님께서 도와 주셔서 일어나는 구원의 은혜입니다. 어느 누구도 성령님이 변화시켜 주지 않으면 자신의 잘못을 뉘우치고 예수님을 의지하려고 하지 않습니다. 그러나 이것은 우리 자신이 느끼거나 만질 수 없는 부르심과 거듭남과는 달리 나의 마음과 행동으로 내 잘못을 뉘우치고 하나님을 의지하며 살겠다는 자신의 결단을 통해서 이루어집니다. 왜냐하면 잘못한 사람은 우리 자신이기 때문에 우리가 회개하고 믿음의 결단을 내려야 하는 것입니다.

5. 칭의(의롭다 함)

칭의는 죄인인 우리를 이제는 죄인이라 하지 않고 "죄가 없는 의로운 자로 인정해 주시는 것"입니다. 의롭다고 인정되지 않았을 때는 "모든 사람이 죄를 범하였으매 하나님의 영광에 이르지 못하더니"(롬 3:23), "다른 이들과 같이 본질상 진노의 자녀이었더니"(엡 2:3)라는 말씀처럼 우리는 하나님과 원수처럼 지내는 죄인으로 남아 있습니다.

그러나 로마서 3장 24절에서 "그리스도 예수 안에 있는 구속으로 말미암아 하나님의 은혜로 값없이 의롭다 하심을 얻은 자 되었느니라."라고 언급하듯이 하나님은 예수님의 피로 우리의 모든 죄를 용서하시고 이제는 의롭고 깨끗한 자처럼 받아주셨습니다. 이것을 어려운 말로 "이신칭의"라고 합니다.

　루터 목사님은 종교개혁을 통해서 로마 카톨릭의 선한 행위를 통한 구원의 교리를 비판하고 오직 믿음으로만 의롭게 되는 '이신칭의' 교리를 회복해 주셨습니다. 이처럼 '이신칭의'교리는 1,000년 동안 타락해 있던 로마 카톨릭의 '행위구원'과 '공로사상'을 무너뜨리는 종교개혁의 결정적인 무기였습니다.

　중세시대 동안 많은 사람들은 돈을 많이 내면 의롭게 된다고 생각해서 죄와 벌을 면해 주는 증명서인 면죄부(면벌부)를 사기도 했습니다. 또한 착한 일을 많이 하면 공로를 쌓아 용서 받는 줄 알았습니다. 아니면 믿음도 없이 단지 성만찬의 빵만을 열심히 받아먹으면 되는 줄 알았습니다. 그것도 아니면 성인들의 유물과 종교물품을 많이 가지고 있으면 의롭게 되는 줄 알았습니다.

　오늘날도 교회에 다니는 사람들 중에 많은 사람들이 헌금을 제일 많이 하면, 환상과 신비체험을 하면, 선행을 많이 하면 의롭게 되는 줄 오해하고 있습니다. 이것을 기복주의, 물질만능주의, 신비주의적 기독교라고 합니다. 종교개혁이 '이신칭의' 교리를 통해서 회복되었듯이 오늘날 교회의 세속적인 타락도 '이신칭의' 교리로 막아낼 수 있습니다.

　웨스트민스터 신앙고백서 11장 1절을 이신칭의를 다음과 같이 아주 멋있게 고백하고 있습니다. "하나님께서는 능력 있게 부르신 자들을 또한 값없이 의롭다고 칭하신다. 이 칭의(稱義)는 의를 그들에게 주입해 줌으로써가 아니라, 그들의 죄들을 용서해 주시고 그들의 인격을 의로운 것으로 간주하여 용납해 주심으로써 되는 것이다. 또한 그들 안에서 이루어진 어떤 것이나, 또는 그들에 의해서 되어진 어떤 것 때문이 아니라, 오직 그리스도 때문이며, 믿음 자체, 믿는 행위, 또는 어떤 다른 복음적인 순종을 그들의 의로 돌림으로써가 아니라, 그리스도의 순종과 속량을 그들에게 돌림으로써, 부르심을 입은 그들은 그리스도와 그의 의를 믿음으로 받아들이고 의존할 때 의롭다 함을 받는 것이다. 그 믿음은 그들 자신에게서 나온 것이 아니고, 그것은 하나님이 주시는 선물이다."

6. 양자(아들 됨)

'양자'(아들 됨)은 하나님의 자녀가 되는 은혜를 말합니다. 고아원의 아이들은 부모가 없습니다. 그런데 어느 날 새로운 부모가 나타나서 고아를 입양했습니다. 고아가 입양이 되면 더 이상 고아가 아니라 이제는 자녀로 인정됩니다. 이것을 양자, 곧 아들 됨이라고 합니다. 이처럼 하나님은 우리의 아버지가 되어주셔서 사단의 자녀이며 고아였던 우리를 예수님의 피로 입양하셨습니다.

우리는 죄 때문에 하나님을 거부하고 사단의 종이 되어 하나님과 원수가 되었습니다. 이 죄는 인간의 힘으로 제거할 수 없는 무섭고 영원한 형벌이었습니다. 그러나 예수님의 피로 우리 죄를 없애 주시고, 더 나아가 하나님은 요한복음 1장 12절에서 "영접하는 자 곧 그 이름을 믿는 자들에게는 하나님의 자녀가 되는 권세를 주셨으니"라고 말하듯이 우리를 하나님의 자녀로 입양해 주시는 은혜를 베풀어 주셨습니다.

하나님의 자녀가 되면 어떤 혜택이 주어질까요? 고아로 있던 아이가 새로운 가정에 자녀로 받아들여지면 친자녀가 누릴 수 있는 모든 혜택을 누립니다. 마음대로 먹고, 입고, 공부하고 놀 수 있습니다. 부모님은 자녀를 위해서 아낌없이 모든 도움을 베풀어 주십니다. 그러나 고아에게는 아무런 관심과 권리가 없습니다.

이와 같이 하나님의 자녀가 되면 하나님의 보호하심과 도와주심을 얻습니다. 배가 고플 때, 아플 때, 도움이 필요 할 때 하나님은 항상 자녀를 지켜주십니다. 사단이 자녀를 공격하면 하나님은 무섭게 사단을 호통 치며 막아 주십니다. 마치 자녀들이 도둑이나 강도들에게 위협을 받으면 우리 부모님들이 힘을 다해 지켜 주시는 것처럼 하나님은 모든 악한 영들로부터 우리를 지켜 주십니다.

또한 하나님의 나라를 물려받습니다. 하나님의 나라는 하나님과 함께 통치하는 천국을 말합니다. 하나님 나라의 모든 좋은 것을 하나님께서는 자녀들에게 물려주십니다. 왜냐하면 우리는 고아가 아니라 하나님의 자녀가 되었고, 하나님은 우리의 부모가 되셨기 때문입니다.

7. 성화(거룩함)

'성화'는 연약하고 부족한 우리가 계속해서 예수님처럼 거룩하고 완전해 지는 것을 말합니다. 어떤 사람들은 "예수님의 피로 죄가 없어지고 의롭게 되었는데 아직도 거룩해져야 합니까?"라고 묻습니다. 비록 예수님의 피로 죄가 없어지고 의롭게 되는 '칭의'를 선물로 받았지만 우리의 마음과 육체는 여전히 연약하고 더러운 것들이 남아있기 때문에 계속 거룩해져야 합니다.

왜냐하면 칭의는 우리의 착한 인격이나 선한 행동을 통해서 얻은 것이 아니라 예수님의 피로 값없이 거저 주셨기 때문에 예수님 믿기 전의 부족한 인격이나 말, 행동, 습관 등은 여전히 옛날 모습 그대로 남아 있는 것입니다. 마치 미국에 이민을 간 한국 사람이 법적으로는 미국 시민이 되었고 미국의 법을 지키고 살아야 하지만 여전히 한국인의 관습과 문화에 익숙하여 미국 시민으로 사는 것이 어색하고 적응이 잘 안 되는 것과 마찬가지입니다.

그러므로 이제 하나님의 자녀가 되었기 때문에 함부로 행동해서는 안 됩니다. 우리가 악한 말과 행동을 하면 우리 자신뿐만 아니라 하나님의 명예와 영광이 더럽힘을 받습니다. 그 이유는 하나님과 우리는 이제 한 가족이 되었기 때문입니다. 어떤 자녀가 자신의 부모가 자기 때문에 사람들에게 창피를 당하는 것을 좋아하겠습니까? 마찬가지로 하나님의 자녀가 된 이상 우리는 하나님의 영광과 명예가 우리의 부족한 인격과 행동 때문에 창피를 당하지 않도록 계속 더 거룩해져야 할 필요가 있는 것입니다.

　예수님을 믿는 사람이 여전히 믿지 않을 때처럼 욕하고, 도둑질하고, 폭력적이고, 미워하고, 음란하다면 세상 사람들이 우리의 믿음을 비웃을 것입니다. 그리고 그런 사람을 거룩하고 존귀한 하나님의 자녀로 인정하신 하나님도 비웃을 것입니다. 비록 우리의 말과 행동과 습관이 하루아침에 고쳐지지 않는다 할지라도 조금씩 나아지면 됩니다. 성령 하나님께서는 이런 변화를 도와주시겠다고 약속하셨습니다.

　그러면 성화의 범위에 대해서 알아볼까요? 어떤 사람들은 성도들이 거룩해져간다고 하는 의미를 종교생활만 잘하는 것으로 오해하기도 합니다. 예를 들면 주일날 교회 잘 나가고, 헌금 잘하고, 기도와 전도와 찬양 등을 잘하면 많이 거룩해졌다고 생각합니다. 물론 교회생활을 잘 지켜나가는 것도 거룩함의 한 부분입니다. 그러나 놓치지 말아야 하는 부분은 우리의 인격과 행동의 거룩함입니다.

　성도가 거룩해 진다는 것은 폭력적이고 거친 말과 행동 등이 인격적으로 좋아진다는 것입니다. 예의가 있고, 바른 말과 착한 행동이 계속되면 좋은 습관이 만들어지고 좋은 습관은 그 사람의 인격을 만듭니다. 이처럼 우리의 말과 행동, 습관 등을 좀 더 인격적이고 예의를 갖춘 모습으로 만들어 가는 것도 거룩함에 해당됩니다. 교회생활이 신앙적 거룩함이라면, 우리의 가족, 사회, 직장 속에서 인격적으로 자라가는 것은 생활의 거룩함이라 할 수 있습니다.

　우리말 속담에 사람이 '술을 많이 먹으면 개가 된다.'고 합니다. 또한 얼마 전 TV 광고에서 '떡은 사람이 될 수 없지만, 사람은 떡이 될 수 있다.'라는 장면을 보고 얼마나 웃었는지 모릅니다. 이처럼 사람은 자신의 말과 행동, 약속, 옷차림, 습관 등이 올바르지 않고 천박하면 '개'가 될 수도, '떡'이 될 수도, '양아치'(깡패)가 될 수도 있음을 명심해야 합니다.

성경에서는 생활의 거룩함을 '성령의 열매'라고 다음과 같이 소개합니다. "육체의 일은 현저하니 곧 음행과 더러운 것과 호색과 우상 숭배와 술수와 원수를 맺는 것과 분쟁과 시기와 분냄과 당 짓는 것과 분리함과 이단과 투기와 술 취함과 방탕함과 또 그와 같은 것들이라 전에 너희에게 경계한 것 같이 경계하노니 이런 일을 하는 자들은 하나님의 나라를 유업으로 받지 못할 것이요, 오직 성령의 열매는 사랑과 희락과 화평과 오래 참음과 자비와 양선과 충성과 온유와 절제니 이 같은 것을 금지할 법이 없느니라."(갈 5:19-23)

성화의 범위 2가지는 '십계명'에서 좀 더 자세하게 가르쳐 집니다. 그래서 십계명을 성화의 기준, 원칙이라고 합니다. 그러면 신명기 5장 7-21절에서 말하는 십계명에 대해서 소개해 보겠습니다. 이를 다시 두 부분으로 나누면 1-4계명은 교회생활과 관련된 것이며, 5-10계명은 개인생활과 관련되어 있습니다.

1) 1계명: "나 외에는 위하는 신들을 네게 있게 말지니라."

1계명은 기독교의 심장과 같은 교리입니다. '오직 하나님만'을 섬기고 예배해야 한다는 명령입니다. 이 세상에는 수많은 신들이 존재합니다. 각각의 종교마다 자신들의 신들을 갖고 있습니다. 그러나 성경은 온 세상을 창조하시고 다스리는 분은 유일하신 하나님뿐이라고 말씀합니다. 하나님 외에 다른 신들은 거짓이며, 가짜인 것입니다. 사단과 악한 영들이 온갖 신들을 만들어 내어 사람들에게 진짜 신처럼 유혹한 것이라고 성경은 말합니다.

이 고백에는 '오직 예수', '오직 성경'이라는 의미도 포함됩니다. 하나님께로 갈 수 있는 길은 오직 예수 그리스도 밖에 없습니다. 예수님을 통하지 않고는 절대로 구원받을 수 없기 때문에 오직 예수만을 우리의 구원자로 제시합니다. 그리고 예수님을 영접하기 위해서는 오직 성경을 배우며 이해하고 의지할 때 가능합니다. 그래서 기독교는 성경을 사랑하고 실천하는데서 시작하는 독특한 종교입니다.

2) 2계명: "너는 자기를 위하여 새긴 우상을 만들지 말고 위로 하늘에 있는 것이나 아래로 땅에 있는 것이나 땅 밑 물속에 있는 것의 아무 형상이든지 만들지 말며, 그것들에게 절하지 말며 그것들을 섬기지 말라. 나 여호와 너의 하나님은 질투하는 하나님인즉 나를 미워하는 자의 죄를 갚되 아비로부터 아들에게로 삼사 대까지 이르게 하거니와 나를 사랑하고 내 계명을 지키는 자에게는 천대까지 은혜를 베푸느니라."

2계명은 '우상 숭배 하지 말라.'라고 간단히 요약할 수 있습니다. 하나님은 영(靈)이시기 때문에 눈으로 보거나 만질 수 없습니다. 그래서 성경은 하나님을 눈에 보이는 것처럼 조각이나 그림으로 만들어 섬기지 말라고 명령합니다. 하나님의 형상을 만들면 곧바로 우상숭배에 빠지게 된다고 경고합니다. 여기에는 겉으로 만질 수 있는 우상숭배도 있지만 마음속에서 만드는 우상숭배도 포함됩니다.

골로새서 3장 5절에서 "땅에 있는 지체를 죽이라 곧 음란과 부정과 사욕과 악한 정욕과 탐심이니 탐심은 우상 숭배니라."라고 지적하듯이 우리 마음 안에 일어나는 온갖 욕심과 악한 소망이 우상 숭배일 수 있다고 말합니다. 결국 마음속에서 하나님보다 더 좋아 하는 것이 있으면 그 모든 것은 우상 숭배가 될 수 있다는 것입니다.

3) 3계명: "너는 너의 하나님 여호와의 이름을 망령되이 일컫지 말라. 나 여호와는 나의 이름을 망령되이 일컫는 자를 죄 없는 줄로 인정치 아니하리라."

3계명은 예배와 신앙생활하는 '자세와 태도'를 가르칩니다. 하나님의 이름은 하나님 자신을 의미합니다. 우리가 누구인지 우리의 이름을 통해서 사람들이 알 수 있듯이 하나님의 이름은 하나님 자신을 소개하는 방법입니다. 그러면 하나님의 이름을 드러내는 다양한 방법은 어떤 것이 있을까요? 그것은 하나님의 이름 자체뿐만 아니라, 예배, 성경, 기도, 찬송, 교회봉사, 헌금, 교회생활, 교회직분, 성만찬, 세례 등 우리가 하나님을 예배하거나 배우기 위해서 사용하는 다양한 신앙 활동들을 모두 포함합니다. 이 모든 것을 사용할 때 우리는 경건한 마음으로 예의를 갖추고 질서 있고 품위 있게 행동해야 합니다. 왜냐하면 이 모든 것을 통해서 우리는 하나님을 배워가기 때문입니다.

4) 4계명: "여호와 너의 하나님이 네게 명한대로 안식일을 지켜 거룩하게 하라. 엿새 동안은 힘써 네 모든 일을 행할 것이나 제칠일은 너의 하나님 여호와의 안식 인즉 너나 네 아들이나 네 딸이나 네 남종이나 네 여종이나 네 소나 네 나귀나 네 모든 육축이나 네 문 안에 유하는 객이라도 아무 일도 하지 말고 네 남종이나 네 여종으로 너같이 안식하게 할지니라. 너는 기억하라. 네가 애굽 땅에서 종이 되었더니 너의 하나님 여호와가 강한 손과 편 팔로 너를 거기서 인도하여 내었나니 그러므로 너의 하나님 여호와가 너를 명하여 안식일을 지키라 하느니라."

4계명은 '주일성수'라고 요약할 수 있습니다. 이것은 예배하는 시간을 가르칩니다. 우리는 365일 항상 예배하며 살아야 하지만 여러 가지 어려운 환경 때문에 그렇게 할 수가 없습니다. 따라서 성경은 적어도 7일 중 하루라도 하나님을 반드시 예배해야 한다고 명령합니다. 예배 시간은 구약에서 '안식일'로 불렸습니다. 하나님께서 6일 동안 창조하신 후 7일에 쉬셨기 때문에 안식일이라 불렀습니다. 우리의 영혼과 몸이 안식을 누릴 수 있도록 배려해 주신 것입니다. 그러나 이 영적인 안식이 신약에서는 예수님의 죽으시고 부활하심을 통해서 완성되었기 때문에 주님의 날인 '주일'로 변경되었습니다. 주일은 현재 보통 '일요일'이라는 날로 지켜지고 있고, 이 날은 24시간을 말합니다. 그렇기 때문에 오전 예배만 드리고 집으로 돌아가는 것이 아니라 오전, 오후예배, 성경공부 등 24시간 전체를 예배하고 이웃을 섬기는 일로 보내야 합니다.

5) 5계명: "너는 너의 하나님 여호와의 명한대로 네 부모를 공경하라. 그리하면 너의 하나님 여호와가 네게 준 땅에서 네가 생명이 길고 복을 누리리라."

5계명은 하나님의 '창조질서'를 존중하라는 명령입니다. 하나님께서는 인류를 한꺼번에 만들지 않고 부모를 통해서 차례로 태어나도록 하셨습니다. 그래서 우리에게 부모도 있고, 형제도 친척도 존재합니다. 이런 모든 인간관계의 질서를 존중하고 보호하라는 것입니다. 특히 부모는 자기 부모만을 의미하지 않고 학교 선생님, 교회 목사님, 국가의 지도자들, 사회의 어른들 등 윗사람 모두를 포함합니다.

6) 6계명: "살인하지 말지니라."

6계명은 '생명존중'의 명령입니다. 인간은 아담과 하와의 타락 이후 죄 때문에 서로를 미워하고 죽이는 무서운 살인의 마음을 갖게 되었습니다. 그래서 인간은 가만 놔두면 서로를 죽이려고 하고 상처주려고 합니다. 이런 폭력과 살인을 막기 위해서 가정이나, 직장이나, 교회나, 국가에서 법이나 제도, 문화 등을 만들기도 합니다. 인간은 짐승과 다르게 '하나님의 형상'으로 창조되었기 때문에 반드시 보호되고 존중받아야 한다고 말합니다. 장애인이라 할지라도 무시하면 안 되고, 남을 비방하는 인터넷 사용이나 조금 부족하다고 왕따 시키거나 마음 속으로 욕을 해서도 안 됩니다. 이 모든 것은 살인에 해당합니다.

7) 7계명: "간음하지 말지니라."

7계명은 '결혼'에 대한 법칙입니다. 즉 자신의 순결함과 깨끗함을 유지하여 행복한 가정을 지켜가라는 명령입니다. 인간은 짐승이 아니기 때문에 아무하고나 성관계를 갖거나 음란한 행동을 해서는 안 됩니다. 성경은 한 남자와 한 여자만이 결혼하는 '1부(夫) 1처(妻) 제도'를 하나님이 원하시는 결혼제도라고 말합니다. 간혹 특수한 경우에 다윗이나 솔로몬 등에게 여러 명의 여자를 임시적으로 허락하기도 했지만 기본원칙은 1부 1처입니다.

요즘 사회적으로 미성년자 성폭행이 심각한 문제를 일으키고 있습니다. 또한 여러 계층에서 성추행 문제로 힘들어 합니다. 이것은 모두 성에 대한 바른 교육을 받지 못해서 일어나는 일들입니다. 속도위반이라 해서 결혼 전 임신하는 것도, 인터넷을 통한 다양한 야한 동영상 관람도, 지나친 노출 패션도 모두 자신의 순결함을 위협하는 음란한 행동이라는 것을 우리는 주의해야 합니다.

8) 8계명: "도둑질 하지 말지니라."

8계명은 게으름 피우지 말고 열심히 일하여 먹고 살라는 '노동명령'입니다. 하나님의 창조질서를 통해서 우리에게 양식을 공급하시는 은혜를 베풀어 주셨습니다. 그러나 이 양식의 축복은 게으름 피울 때 주시는 것이 아니라 열심히 최선을 다하여 일할 때 주시겠다는 말씀입니다. 따라서 일하지 않고 게으름을 피우는 것도, 남의 것을 몰래 훔치는 것도, 도박이나 복권 등 비정상적인 방법으로 돈을 벌려고 하는 것도 모두 도둑질에 해당됩니다. 그리고 번 돈을 이웃에 나눠주는 기부나 구제도 이 계명에 포함됩니다. 하나님이 주신 양식은 나 혼자만 잘 먹고 잘 살라고 주신 것이 아니라 우리 가족과 이웃 모두에게 나눠주라고 주신 선물입니다.

9) 9계명: 네 이웃에 대하여 거짓 증거 하지도 말지니라.

9계명은 '신용'을 지키며 살아야 한다는 명령입니다. 거짓말은 지금 당장의 위기를 넘기기에 좋은 수단처럼 보입니다. 그러나 계속 거짓말을 하면 습관이 되고, 습관은 곧 그 사람의 인격이 됩니다. 거짓말하는 사람과는 아무것도 할 수 없습니다. 도무지 믿을 수 없는 사람으로 취급받습니다. 우리 사회는 결혼도, 직장도, 학교도 모두 약속을 서로 지킬 때 유지할 수 있습니다. 만약 약속을 깨고 거짓말과 위선적 행동을 하면 모든 것이 무너집니다. 신용은 나 자신과 우리 사회 전체를 지켜주는 기둥입니다.

10) 10계명: "네 이웃의 아내를 탐내지도 말지니라. 네 이웃의 집이나 그의 밭이나 그의 남종이나 그의 여종이나 그의 소나 그의 나귀나 무릇 네 이웃의 소유를 탐내지 말지니라."

10계명은 '절제'하며 '비전'(Vision)을 갖고 살라는 명령입니다. 하나님께서는 우리 각 사람을 창조하셨고, 각자에 맞는 역할과 삶을 허락해 주셨습니다. 그렇기 때문에 각자가 가지고 있는 몸, 돈, 사회적 지위, 나이, 형편은 하나님이 주신 것으로 알고 감사하며 살아야 합니다. 올바르게 노력하지 않고 더 많은 것을 가지려는 욕심은 하나님이 주신 것에 만족하지 못하고 불평하며 원망하는 것이며 절제하지 못하고 욕심만 부리는 것입니다. 정말 가지고 싶다면 꿈과 비전을 갖고 열심히 노력하여 준비해야 합니다. 하나님께서는 이렇게 준비하는 사람에게 더 높고 큰 역할과 형편을 허락해 주십니다.

8. 견인(붙잡아 줌)

'견인'은 '보호'하심에 대한 약속입니다. 하나님께서 우리를 천국에 이르기까지 악의 세력과 모든 어려움으로부터 끝까지 지켜주고 보호하시고 붙잡아 주시겠다고 약속합니다. 이 약속은 요한복음 10장 28-29절에서 "내가 저희에게 영생을 주노니 영원히 멸망치 아니할 터이요 또 저희를 내 손에서 빼앗을 자가 없느니라. 저희를 주신 내 아버지는 만유보다 크시매 아무도 아버지 손에서 빼앗을 수 없느니라."라고 말씀하시는 것처럼 성도들에게 주신 강력한 보호하심에 대한 약속입니다.

신앙생활을 하다보면 어떤 때는 하나님께 기도하고 도움을 요청하면 정말 필요할 때 하나님이 도와주시는 것을 체험합니다. 그러나 어려움 속에서 아무리 기도해도 응답이 없을 때가 있습니다. 정말로 하나님이 우리를 도와주지 않으시는 것 같습니다. 오히려 믿지 않는 사람들이 더 잘되고 행복한 것처럼 느껴집니다. 이럴 때 많은 성도들이

시험에 들어 낙심하고 주저앉게 됩니다.

하지만 염려하지 마세요! 하나님은 우리의 머리털까지도 셀 수 있는 분이며, 풀 한포기도 날아가는 새도 하나님의 허락이 없이 절대 움직여질 수 없다고 성경은 말합니다. 또한 하나님은 전지전능하시기 때문에 성도들의 모든 형편과 그리고 어려운 일도 모두 알고 계시며 도와 줄 수 있다고 가르칩니다. 그래서 하나님은 힘들고 어려운 일들도 우리에게 필요하다고 판단하시면 허락하시기도 합니다.

때와 장소 모두 하나님이 원하실 때 이루어지는 것이지 우리가 원하는 시간과 장소를 고집해서는 안 됩니다. 아이가 칼을 달라고 하면 부모는 줄 수 없는 것입니다. 좀 더 컸을 때 허락합니다. 철부지 아이에게 백만 원, 천만 원 등 큰돈을 줄 수 없는 것입니다.

우리말에 "젊어서 고생은 사서도 한다."라는 말이 있습니다. 세상 사람들도 젊어서 다양하게 경험해 볼 수 있는 어려움은 그 사람의 인생에 큰 도움이 된다는 것을 알고 있습니다. 어려움과 시련은 사람을 더욱 성장시켜 크고 위대한 지도자로 만들기도 합니다. 마찬가지로 하나님께서는 우리를 더욱 훌륭한 성도로 만들어 가시기 위해서 때론 시련과 환란도 주시고, 도움의 시간도 연기하실 때가 있는 것입니다. 하나님이 몰라서, 힘이 없어서 안 도와주시는 것이 아니라 하나님의 놀라운 계획 속에서 우리를 붙들어 주고 계십니다.

9.　영화(영광됨)

구원의 마지막 단계는 '영광'스럽게 변화되는 은혜입니다. 예수님의 피로 의롭게 되었고, 성화를 통해서 우리의 말과 행동도 점점 거룩해 져 갑니다. 그리고 마지막에는 우리의 몸과 영혼 모두가 완전히 거룩 해 지고 영화롭게 변화되어 천국에서 하나님과 함께 영원히 행복하게 살게 됩니다. 죄의 유혹도 없고, 질병과 아픔과 배고픔 때문에 고통 받 지 않고, 미움과 시기와 폭력의 유혹도 받지 않는 완전함을 얻게 될 것 입니다.

이런 영화로움은 이 세상에서 완성되는 것이 아닙니다. 왜냐하면 우리의 육체는 죽을 때까지 연약함을 가지고 있기 때문입니다. 온갖 질병과 배고픔에 시달리며, 시기와 질투, 미움과 분노에 흔들립니다. 이것은 세상 종말이 이루어지는 최후심판 때 이루어집니다. 예수님이 이 땅에 다시 오실 때 우리는 영광스러운 새 부활의 몸을 받게 됩니다. 그리고 우리의 영혼도 완전한 거룩함으로 변화될 것입니다.

고린도전서 15장 51-53절은 이런 영광스러운 변화를 다음과 같이 아름답게 표현합니다. "보라 내가 너희에게 비밀을 말하노니 우리가 다 잠잘 것이 아니요 마지막 나팔에 순식간에 홀연히 다 변화하리니, 나팔 소리가 나매 죽은 자들이 썩지 아니할 것으로 다시 살고 우리도 변화하리라. 이 썩을 것이 불가불 썩지 아니할 것을 입겠고 이 죽을 것 이 죽지 아니함을 입으리로다."

구원론 요약

주제	내용
구원방법	성경에서 소개하는 예수님의 십자가 사역을 성령의 도와주심으로 믿을 때 구원 받음.
소명	죄인인 우리를 죄에서 불러내어 구원으로 초대해 주심.
중생	성령의 역사로 죄악 된 우리 마음이 하나님을 사랑하고 성경을 듣고 싶은 마음으로 변화됨.
회개	성경을 통해서 하나님을 믿지 않고 예수님의 십자가를 거부한 죄가 얼마나 무서운 것인지를 깨닫고 뉘우침. 이제 하나님을 사랑하며 살겠다고 다짐함.
믿음/신앙	예수님께서 나의 죄를 위하여 십자가에 죽으시고 부활하심을 마음으로 받아들임. 예수님의 은혜에 감사하며 의지할 것을 다짐함. 하나님께서 살아계심과 성경은 하나님의 말씀임을 고백함.
칭의	하나님께서 예수님의 피로 우리의 모든 죄를 없애 주시고 의로운 사람으로 인정해 주심.
양자	사단의 종에서 이제 하나님의 자녀로 인정해 주시고 자녀가 누릴 수 있는 모든 보살핌과 도우심을 약속해 주심.
성화	예수님을 믿고 난 후에 범죄하는 모든 죄에서 성령의 도우심으로 점점 거룩해져 감. 이 거룩함의 기준은 십계명. 1계명 하나님만을 섬겨라. 2계명 우상숭배 하지 말라. 3계명 하나님의 이름을 욕하지 말라. 4계명 주일(안식일)을 지켜라. 5계명 부모를 공경하라. 6계명 살인하지 말라. 7계명 간음하지 말라. 8계명 도둑질 하지 말라. 9계명 거짓말 하지 말라. 10계명 탐욕하지 말라.
견인	성도들이 연약하여 쓰러지지 않도록, 악한 세력들에게 공격받지 않도록 영원히 지켜주시고 보호해 주심.
영화	몸과 영혼이 신령한 몸으로 부활하여 영원히 천국에서 하나님을 찬양하며 행복하게 살 수 있도록 만들어 주심.

여섯 번째 교리 **교회론**

교회에서 예배는
어떻게 드리나요?

Q1 교회란 무엇인가요?

여섯 번째 교리는 교회에 대한 이야기입니다. 교회가 뭐지? 교회가면 뭐 하지? 교회가면 예쁜 여학생, 멋진 남학생과 미팅하나? 교회가면 맛있는 거 많이 먹을 수 있나? 아니면 재미난 놀이를 하나? 이런 질문들을 한 번쯤 해 보았을 것입니다. 학생시절 수학여행 때마다 사찰을 찾아갑니다. 그래서 사찰하면 스님과 불상 등등 머릿속에 떠오릅니다.

그런데 교회는 가보지 않으면 무엇을 하는 곳인지 잘 모릅니다. 간혹 TV에서 많은 사람들이 미친 것처럼 소리 지르고, 땅 바닥에 구르고, 춤추고, 시끄럽게 노래하는 모습을 보고서 교회가 무서운 곳이라고 생각합니다. 이렇게 세상은 교회를 미워하고 왜곡된 모습으로 그려내고 있습니다.

이제 교회에 대해서 알아봅시다. 교회는 하나님의 선택하심으로 구원받은 사람들이 함께 모여 예배드리고 하나님을 찬양하며 기도하고 성경을 배우는 곳입니다. 웨스트민스터 신앙고백 25장 1절은 "교회는 머리되시는 그리스도를 중심으로 하여 그 아래 하나로 지금까지 모여들었고, 지금 모여들고 있고, 장차 모여들게 되는 택함을 받은 모든 사람들로 구성된다. 이 교회는 그리스도의 신부이며, 몸이다."라고 소개합니다.

한편으로 교회는 성도들을 말합니다. 그런데 어떤 사람들은 교회를 건물로 이해하는 사람들이 있습니다. 건물은 예배드리기 위해서 편의상 사용하는 도구입니다. 건물을 마치 교회인 것처럼 오해하지 말아야 합니다. 건물은 귀하게 여기고 오히려 성도들은 소홀히 하여 상처받게 해서는 안 됩니다. 또한 로마 카톨릭처럼 신부들만을 교회로 여기고 성도들은 구경꾼처럼 여겨서도 안 됩니다.

로마 카톨릭은 마태복음 16장 17-18절에서 "예수께서 대답하여 가라사대 바요나 시몬아 네가 복이 있도다 이를 네게 알게 한 이는 혈육이 아니요 하늘에 계신 내 아버지시니라. 또 내가 네게 이르노니 너는 베드로라 내가 이 반석 위에 내 교회를 세우리니 음부의 권세가 이기지 못하리라."는 말씀을 가지고 교황과 신부들만이 교회라고 주장합니다. 즉, 베드로 개인에게 교회의 권세를 주셨고, 이 권세는 지금의 교황과 신부들에게 이어졌다고 합니다.

그러나 기독교는 베드로의 '신앙고백'을 통해서 교회가 세워졌기 때문에 이와 같은 신앙고백에 참여하는 모든 성도들을 교회로 이해합니다. 신앙고백 위에 세워진 교회는 사단과 악한 영들이 침범하지 못하는 거룩한 곳이라고 말합니다. 또한 성경은 교회를 "너희는 그리스도의 몸이요 지체의 각 부분이라."(고전 12:27), "만일 내가 지체하면 너로 하나님의 집에서 어떻게 행하여야 할 것을 알게 하려 함이니 이 집은 살아 계신 하나님의 교회요 진리의 기둥과 터이니라."(딤전 3:15)라고도 고백합니다.

교회는 예수님의 몸으로 인정받는 곳입니다. 이곳은 연약해 보여도 살아계신 하나님의 집이라고 높이 평가합니다. 교회가 작다고 우습게 여기면 안 됩니다. 작든지 크든지 시골에 있든지 도시에 있든지 교회는 하나님이 함께 하시는 거룩하고 영광스러운 곳입니다.

Q2 예배는 어떻게 드리나요?

교회 가서 제일 먼저 하는 것은 예배드리는 것입니다. 교회예배를 잘 모르는 사람들은 다양한 질문을 합니다. "집안에서 전통적으로 해왔던 제사는 많이 경험해 봐서 어느 정도 그 절차를 아는데, 예배는 어떻게 드리는 것인가요?" "제사처럼 음식을 차려놓고 하나님을 부르며 절을 하는 것인가요? 아니면 절에서처럼 이상한 동상 아래서 주문을 외우는 것인가요?"라고 질문하기도 합니다. 교회 예배는 이런 것들과 전혀 다릅니다. 교회 예배를 2가지로 나눠서 소개해 보겠습니다.

먼저 예배의 자세는 경건하고 하나님을 사랑하는 마음으로 나아가야 합니다. 예배는 경건한 마음과 하나님을 사랑하는 마음이 중요합니다. 예배는 하나님을 섬기는 기독교의 중요한 의식이기 때문에 우리의 마음속에 하나님을 사랑하고 경외하는 두려움이 있어야 합니다.

하나님께 자기의 소원을 말하기 위해서 예배드리는 것이 아니라 우리를 예수님의 피로 구원해 주신 은혜에 감사드리며 하나님을 의지하기 위해서 예배드리는 것입니다.

하나님이 누구신지, 우리에게 어떤 은혜를 베풀어 주셨는지도 모르고 그저 무서워서, 아니면 소원성취하기 위해서, 아니면 누가 시키니까 억지로 하면 안 됩니다. 사랑과 경외의 마음은 예배의 중심입니다. 이런 예배의 자세를 요한복음 4장 23-24절에서는 "아버지께 참으로 예배하는 자들은 신령과 진정으로 예배할 때가 오나니 곧 이 때라 아버지께서는 이렇게 자기에게 예배하는 자들을 찾으시느니라. 하나님은 영이시니 예배하는 자가 신령과 진정으로 예배할지니라."라고 말합니다.

둘째로 예배의 질서는 예의가 있고 품위가 있어야 합니다. 예배는 하나님을 섬기고 높이는 것이기 때문에 무질서하게 또는 괴상한 비상식적인 모습으로 드려서는 안 되고 질서와 예의가 있어야 합니다.

고린도전서 14장 26절에서는 "형제들아 어찌할꼬 너희가 모일 때에 각각 찬송시도 있으며 가르치는 말씀도 있으며 계시도 있으며 방언도 있으며 통역함도 있나니 모든 것을 덕을 세우기 위하여 하라."라고 고백합니다. 즉 예배는 질서를 잘 세워서 덕스럽고 예의 있게 행해야 한다고 말합니다.

어떤 교회의 예배는 너무 무질서 합니다. 아무나 설교하고 아무나 기도하고, 준비도 하지 않고 즉흥적으로 막 행합니다. 로마 카톨릭 같은 교회의 예배는 외형적인 것을 너무나 화려하게 꾸밉니다. 가장 화려한 악기와 조명, 성가대를 동원해서 예배를 드리다 보니 예배를 준비하는데 너무나 많은 돈이 필요합니다. 가난하고 어려운 사람들은 예배에 참여하기가 두려울 정도입니다.

또 다른 교회는 너무나 시끄럽습니다. 전자악기 소리가 온 동네에 울려 퍼질 정도로 크고, 밤새도록 소리를 지르며 기도합니다. 예배 중에도 큰 소리를 막 지릅니다. 밖에서 보면 마치 싸우는 것 같기도 하고 시장 한 복판에 있는 것처럼 정신이 없습니다.

성경적인 예배는 경건하고 질서가 있고 예의가 있어야 합니다. 예배는 전능하신 하나님 앞에 나아와서 하나님을 사랑하고 경외하며 찬양하는 자리입니다. 우리는 시골에 계신 친척 할아버지를 뵐 때도 예의를 갖춥니다. 대통령을 만나기 위해서도 많은 절차와 예절과 의식이 필요합니다. 대통령 앞에서 막 소리를 지르거나 뛰어다니지 않습니다.

왜냐하면 그런 행동은 높으신 분 앞에서 아주 경망스럽고 천박하며 예의가 없는 행동이기 때문입니다. 하물며 가장 높으신 하나님 앞에서 서는데 예의와 질서가 없어서 되겠습니까? 예배는 말 그대로 예의를 갖추어 하나님 앞에 존경과 공경을 표현하는 기독교 의식입니다.

마지막으로 예배의 내용들에 대해서 소개해 드리겠습니다. 웨스트민스터 신앙고백 21장 5절은 예배의 요소로써 다음과 같은 몇 가지를 소개합니다. "경건한 마음으로 성경을 읽는 것과, 흠 없는 설교와, 하나님께 순종하여 사려 분별과 믿음과 경외심을 가지고 하나님의 말씀을 정성껏 듣는 것과, 마음에 은혜로 시편을 노래하는 것과, 그리스도께서 정하신 성례를 합당하게 집행하고 값있게 받는 것은 하나님께 드리는 통상적인 종교적 예배의 모든 요소들이다. 이것들 외에도, 종교적 맹세와, 서원과, 엄숙한 금식과 감사일이다." 다시 정리해 보면, 찬송(시편찬송), 기도, 교독문(성경읽기), 헌금, 설교, 세례와 성찬, 신앙고백, 주기도문, 축도 등으로 예배의 요소들을 구분할 수 있습니다.

1. 찬송

찬송에는 찬송가, 복음송가, 시편찬송 등이 있습니다. 시편찬송은 시편 150편을 노래로 만든 것인데 종교개혁 이후 장로교회 예배에서 반복적으로 불렀던 중요한 찬송입니다. 찬송에는 성도들 모두가 부르는 찬송이 있고, 성가대가 따로 연습해서 부르는 성가대 찬송도 있습니다.

2. 기도

기도는 개인기도와 예배 때 드리는 대표기도가 있습니다. 개인기도는 시간이 나는 대로 혼자서 기도하면 되고, 대표기도는 교회의 목사님, 장로님이나 안수집사님 등이 하십니다. 모든 기도에는 "예수님의 이름으로 기도합니다. 아멘"으로 마칩니다. 기도의 모범은 예수님이 가르쳐 주신 "주기도문"이 있습니다. 이것은 6개의 내용으로 구분됩니다. 하나님의 영광과 관련되어 1-3까지, 우리의 필요에 대한 것 4-6입니다.

"하늘에 계신 우리 아버지여, 이름이 거룩히 여김을 받으시오며, 나라이 임하옵시며 뜻이 하늘에서 이룬 것 같이 땅에서도 이루어지이다. 오늘날 우리에게 일용할 양식을 주옵시고, 우리가 우리에게 죄 지은 자를 사하여 주옵시고, 우리를 시험에 들게 하지 마옵시고 다만 악에서 구하옵소서. 나라와 권세와 영광이 아버지께 영원히 있사옵나이다. 아멘."

3. 신앙고백(사도신경)

모든 성도는 예배 중에 사도신경으로 자신의 신앙을 고백합니다. 사도신경의 교리와 내용이 내 자신의 신앙고백임을 표현하는 것입니다. 내가 알고 믿고자 하는 하나님은 사도신경 안에서 소개되는 바로 그런 하나님임을 고백합니다. 사도신경은 성부, 성자, 성령, 교회에 대한 4가지 고백을 담고 있습니다. 새신자들은 사도신경이 조금 길지만 외우는 것이 좋습니다.

"전능하사 천지를 만드신 하나님 아버지를 내가 믿사오며, 그 외아들 우리 주 예수 그리스도를 믿사오니, 이는 성령으로 잉태하사 동정녀 마리아에게 나시고, 본디오 빌라도에게 고난을 받으사, 십자가에 못 박혀 죽으시고, 장사한지 사흘 만에 죽은 자 가운데서 다시 살아나시며, 하늘에 오르사, 전능하신 하나님 우편에 앉아 계시다가, 저리로서 산자와 죽은자를 심판하러 오시리라. 성령을 믿사오며, 거룩한 공회와, 성도가 서로 교통하는 것과, 죄를 사하여 주시는 것과, 몸이 다시 사는 것과, 영원히 사는 것을 믿사옵나이다. 아멘."

4. 교독문(성경읽기)

성찬예배가 아닌 일반예배는 말씀중심의 예배이기 때문에 성도들이 성경을 좀 더 많이 배우고 알 수 있도록 성경을 읽거나 요약본인 교독문을 낭독합니다. 교독문은 시편을 주로 요약해 놓은 것으로써 대부분 교회가 이것을 낭독하기도 하지만 전통적으로 장로교회에서는 구약과 신약이나, 또는 한 부분을 선택해서 성도들과 함께 읽었습니다.

5. 설교

설교시간은 예배 중에 가장 중요한 시간입니다. 기도, 찬송, 헌금 등은 우리가 하나님을 예배하기 위해서 우리 자신을 드리는 시간이지만 설교는 하나님의 뜻을 듣고 배우는 시간입니다. 설교에는 한 성경을 택해서 전부 설명해 주는 강해설교, 일부분의 본문을 선택해서 소개해 주는 본문설교 등이 있습니다. 설교를 들을 때는 필기도구를 준비해서 기록하면서 듣는 것이 좋습니다. 왜냐하면 나중에 다시 확인해 볼 수 있고 그 내용을 잊어버리지 않기 때문입니다.

6.   헌금

헌금은 우리 자신을 하나님께 드린다는 중요한 신앙고백의 표시이며, 이웃을 섬기는 표시입니다. 따라서 헌금은 미리 준비해 놓아야 합니다. 헌금을 드릴 때는 아까워하지 말고 즐거운 마음으로 드릴 때 하나님께서 더욱 큰 축복으로 위로해 주실 것입니다.

7.   축도

축도는 하나님께서 성도들을 축복해 주시는 큰 은혜와 위로의 시간입니다. 하나님께서는 목사님을 세우시고 하나님의 권능과 이름으로 성도들을 축복해 주시라고 명령하셨습니다. 그래서 목사님은 예배 마지막에 성도들이 하나님의 놀라운 축복을 많이 받을 수 있도록 성부, 성자, 성령의 이름으로 축복해 주십니다. 하나님께서 축복해 주시는 이 축도를 꼭 받으시기 바랍니다.

8.   감사일, 금식일

교회에서는 하나님께서 베풀어 주신 특별한 은혜를 기념하기 위해서 시간을 정해 놓고 감사예배를 드립니다. 감사일에는 신년감사, 부활감사, 교회설립감사, 성탄감사, 추수감사, 종교개혁감사일 등이 있습니다. 반대로 교회가 위기에 처했을 때 함께 금식하며 회개하며 기도하는 금식예배가 있기도 합니다.

9.   세례

먼저 유아세례는 믿는 부모님들의 자녀들에게 주는 세례입니다. 0-2세 정도 아이들이 해당됩니다. 아직 어려서 예수님을 영접하지는 못하지만 부모님의 신앙고백을 인정하여 하나님의 백성으로 받아들이는 귀한 의식입니다. 다음으로 입교의식은 유아세례 받은 자녀들은 12-14세를 전후로 입교식을 갖습니다. 입교식은 교회 전체 앞에서 자신의 신앙을 고백하고 교회의 정식회원으로 참여하는 의식입니다. 마지막으로 성인세례는 교회 전체 앞에서 자신의 신앙을 고백하고 주일성수와 십일조 헌금의 책임을 다짐하며 교회의 정식회원으로 인정을 받는 의식입니다. 6개월 학습과 6개월 세례교육을 거친 후 시험에 통과하면 세례를 받습니다.

10. 성찬식

성찬식은 예수님의 죽으심과 부활의 은혜를 감사하고 예수님과 하나 됨의 은혜와 예수님의 몸과 피가 우리의 영적양식임을 고백하는 의식입니다. 성찬은 맹세의 시간이기도 합니다. 하나님께서 우리를 지켜주시겠다는 약속이며, 우리는 하나님을 위해서 살겠다는 결단과 약속의 의식입니다. 세례 받은 성도만이 참석하며 1년에 2번, 또는 그 이상 행합니다. 심각한 범죄를 저지르면 참여 할 수 없습니다.

Q3 교회조직에는 무엇이 있나요?

교회도 사람들이 많이 모이는 곳이기 때문에 일정한 질서와 조직이 필요합니다. 우리 속담에 "사공이 많으면 배가 산으로 간다."라고 합니다. 즉, 사람이 많은데 조직이 없으면 아무 일도 할 수 없다는 뜻입니다. 우리의 부족함과 연약함 때문에 하나님께서는 교회가 잘 세워져 갈 수 있도록 교회조직을 허락해 주셨습니다.

그러면 교회조직에는 어떤 것들이 있습니까? 에베소서 4장 11-12

절은 교회조직에 대해서 다음과 같이 몇 가지를 소개합니다. "그가 혹은 사도로, 혹은 선지자로, 혹은 복음 전하는 자로, 혹은 목사와 교사로 주셨으니, 이는 성도를 온전케 하며 봉사의 일을 하게 하며 그리스도의 몸을 세우려 하심이라." 구체적으로 몇 가지를 말해 보겠습니다.

먼저 목사님과 장로님들이 계십니다. 목사님과 장로님이 회의를 통해서 교회를 운영해 가시는데, 이것을 '당회'라고 부르기도 합니다. 목사님은 정규과정(7년)의 신학공부를 해야 하며, 성경원어인 히브리어(구약), 헬라어(신약) 등을 배워 의사, 변호사처럼 목사시험을 치루고 자격증을 얻어서 안수를 받은 분만이 목사가 됩니다. 또한 교회에서 오랫동안 신앙생활 하신 분들 중에서 신앙생활에 모범이 될 만한 어른을 일정한 시험과 안수를 통해서 성도들의 지도자로 뽑는데 이 분들을 장로님이라고 합니다.

당회 다음으로는 '노회'라는 더 큰 회의 조직이 있습니다. 일정한 지역에 사는 여러 교회의 목사님과 장로님들이 함께 모여서 교회의 일을 의논하고 목사와 장로를 세우며, 교회를 세우기도 하고 징계를 내리기도 하는 조직입니다. 이외에 한 교단에 속한 전국의 모든 노회의 대표 목사님들과 장로님들이 전부 모여서 회의하는 '총회'도 있습니다. 이렇게 당회, 노회, 총회의 형태로 교회를 운영하는 교회조직을 장로정치라고 합니다.

교회 안에서는 '제직회'와 '공동의회'가 있습니다. 제직회는 목사님과 장로님들과 집사님들이 매달 혹은 여러 번 모여서 교회의 헌금과 사업들을 의논하여 일하는 곳이며, 공동의회는 1년에 한 번 전체

교인들이 모여서 교회의 중요한 일과 1년 동안의 사업과 헌금을 결산하고 다음 해의 일을 계획하는 회의입니다.

교회의 직분으로는 목사님과 장로님 외에도 목사님이 되시려고 준비하시는 전도사님, 강도사님들이 계십니다. 또한 성도들 중에서는 안수집사님, 권사님, 서리집사님(1년), 주일학교, 학생회 선생님들이 계십니다. 성도들은 신앙생활을 잘 훈련받고 각자의 재능에 따라서 여러 가지 직분을 맡아 교회를 섬겨야 합니다.

Q4 교회회원이 되기 위해서는 무엇을 준비해야 하나요?

예수님을 영접하고 교회에 나가 예배드리며 정식으로 교회회원이 되기 위해서는 몇 가지 준비가 필요합니다. 교회는 정식회원이 되지 않고도 단지 예배만 드리러 살짝 갖다 올 수 있습니다. 그러나 정식회원이 되어야 교회조직에 참여할 수 있으며, 또한 하나님께서도 정식회원으로서 인정된 자에게 하나님의 백성으로 누릴 수 있는 특권과 보호하심과 인도하심을 확실하게 보장해 주시겠다고 약속하고 있습니다.

1.　성경공부

정식회원은 '세례'라고 하는 기독교 의식에 참여해야만 가능합니다. 이 세례를 받기 위해서는 교회에서 정해놓은 일정한 시간과 규칙을 따라서 성경공부에 참여하고 시험을 치러야 합니다. 교회헌법에서 6개월 동안 새신자가 교리공부와 성경공부를 하는 '학습반'에 참여하도록 지시합니다. 그리고 다시 6개월 동안 세례 준비를 위해서 '세례반'에 참석하도록 지시합니다. 이 두 과정을 통과하고 시험을 치른 후 세례를 받게 됩니다.

　또한 교리공부와 성경공부는 새신자 뿐만 아니라 교회직분자가 되기 위해서도 반드시 해야 하는 과정입니다. 특히 안수집사님, 장로님 등은 교회헌법, 신앙고백서(사도신조, 웨스트민스터 소요리문답, 신앙고백서), 신구약 공부 등을 해야 합니다.

2.　예배

교회의 모든 성도들은 예배에 참여할 의무가 있습니다. 왜냐하면 예수님을 영접한다는 것은 우리를 죄에서 구원해 주신 은혜에 감사하여 이제부터는 하나님을 경외하며 예배하겠다는 다짐이기 때문에 믿는 자는 반드시 교회에 나와서 하나님을 섬기는 공적예배의식에 참여해야 합니다.

예배에는 여러 가지 종류가 있습니다. 그 중에 십계명에서 소개한 것처럼 가장 중요한 예배는 '주일예배'입니다. 주일예배는 우리 마음대로 취사선택할 수 있는 것이 아니고 하나님의 날로 구분되어 예배드리도록 명령된 날입니다. 주일예배에는 오전, 오후 예배, 각 반별 성경공부, 봉사 등이 포함됩니다. 이 외에도 개인의 형편에 따라서 참여할 수 있는 새벽기도회, 수요예배, 금요기도회, 주일학교, 학생회, 청년부 예배 등이 있습니다.

3. 세례

세례의식은 교회의 정식회원으로 인정받는 중요한 기독교 예식입니다. 1년에 걸쳐서 성경공부와 교리공부를 마치고 진심으로 예수님을 영접하기로 결단한 사람들은 자신의 신앙고백을 전체 성도들 앞에 고백하고 세례를 받습니다. 세례란 예수님의 피로 우리의 모든 죄가 깨끗하게 용서되었다고 하는 의미를 의식으로 보여주는 것입니다. 그래서 세례의 도구는 예수님의 피를 상징하는 물을 사용합니다. 각 교회에 따라서 물에 담그는 것(침수), 붓는 것(관수), 뿌리는 것(적수) 중에서 하나를 선택합니다. 장로교에서는 주로 뿌리는 세례의식을 행합니다. 세례는 예수님을 영접한다는 고백의 표시이기 때문에 평생 단 한 번만 받습니다.

4.　성찬

성찬은 세례 받은 성도들만 참여합니다. 세례를 통해서 정식회원이 된 사람들에게는 성찬이라는 예식을 통해서 기독교인로서 자부심과 용기를 더 해 줍니다. 성찬(성만찬)은 예수님의 피와 몸으로 우리를 구원하시고 우리에게 생명의 힘을 공급하시는 주님의 은혜를 가르칩니다. 예수님은 우리의 영혼의 양식이 되어 날마다 우리를 강하게 만들어 주십니다. 이와 같은 영적인 은혜를 느낄 수 있도록 예수님의 몸과 피를 상징하는 떡과 포도주를 사용하여 성도들에게 줍니다. 비록 일반적인 떡과 포도주이지만 믿음을 가지고 성찬예식에 참여하게 되면 성령 하나님께서 함께 하셔서 예수님과 하나 되는 은혜의 충만함을 주십니다. 성찬은 교회가 정한 시간에 따라서 2번, 또는 그 이상 여러 번 행합니다.

5.　헌금

헌금은 세례 받은 성도가 꼭 참여해야 하는 의무이면서도 감사로 드리는 신앙고백입니다. 성도들은 우리를 구원해 주신 예수님의 은혜에 감사하고 보답하는 마음으로 우리의 삶 전체를 드리고 싶어 합니다. 이처럼 우리 삶을 바치겠다는 신앙고백의 표시로 생활에 있어서 가장 중요한 돈을 헌금합니다. 또한 교회의 정식회원으로서 교회를 유지하고 보호하기 위해서도 헌금을 합니다.

우리는 성경을 가르쳐 주기 위해서 모든 직업을 포기하고 오직 성경만을 연구하시는 목사님이나 그 외에 교회를 섬기는 사역자들을 섬기기 위해서, 예배를 드리기 위해서 필요한 공간을 마련해야 하는 경비지출을 위해서, 가난한 이웃을 돕기 위해서 헌금을 드려야 하는 책임이 있습니다. 따라서 헌금은 어려서부터 잘 훈련받아야 어른이 되어서도 꾸준히 이어갈 수 있습니다.

헌금의 종류에는 매주 주일날 드리는 '주중헌금'과 한 달의 수입 중 1/10(십분의 일)을 드리는 '십일조' 헌금이 있습니다. 그리고 특별한 감사의 일이 발생되면 감사를 기념하기 위해서 '감사헌금'을 드리기도 합니다. 가난한 이웃이나 선교사님을 돕기 위해서 '구제헌금', '선교헌금'을 합니다. 또한 교회건물의 유지와 보수, 장소구입을 위해서 '특별헌금', '건축헌금' 등을 하기도 합니다.

학생 때부터 자신의 용돈 중에 구별하여 헌금을 드리는 습관을 잘 길러야 합니다. 헌금하는 일은 자신의 수입을 드리는 힘든 일이지만 하나님께서는 교회를 위해서 이웃을 위해서 헌금하는 손길을 축복하시고 물질적으로 부족하지 않게 도와주시겠다고 약속하고 계십니다. "너희가 모든 일에 부요하여 너그럽게 연보(헌금)를 함은 저희로 우리로 말미암아 하나님께 감사하게 하는 것이라."(고후 9:11)

교회론 요약표

주제		내 용
교회 본질	보이지 않는 교회 (무형교회)	하나님께서 선택하신 백성들과 그 자녀들로 하나님의 특별한 사명을 가진 성도들이 모인 교회.
	보이는 교회 (유형교회)	예수님을 믿는 다고 신앙고백을 한 성도들과 그 자녀들의 공동체로 교회조직을 갖춤.
	참된 교회의 3대 표지	말씀의 바른 전파. 올바른 성례전 시행. 신실한 권징.
예 배	예배의 요소	찬송(시편찬송), 기도, 신앙고백(사도신경), 헌금, 설교, 주기도문, 축도, 금식일, 감사일, 세례, 성찬.
	예배의 시간	주일 오전. 오후예배. 수요예배. 금요-새벽기도회. 주일학교. 학생회. 청년부 예배. 교리문답 성경공부.
	예배의 종류	설교 중심의 예배-설교, 교리공부 성례 중심의 예배- ①세례식: 유아세례. 성인세례. 물 사용. 평생 1번 받음. ②성찬식: 세례 받은 자만 참석. 1년에 자주 시행. 떡과 포도주 사용.
정 치	교회회의 (치리회)	당회(목사/장로). 노회(지역교회). 총회(전국 교회)
	개교회 회의 대상	당회(목사/장로). 제직회(당회/집사). 공동의회(전체 성도들).
	교회직분	목사. 장로. 강도사. 전도사. 안수집사. 서리집사. 교사. 권사. 권찰.

일곱 번째 교리 **종말론**
세상의 종말이 정말 오나요?

Q1 죽는 것이 무서워요!

죽는 것은 정말 무서운 것입니다. 말기 암환자를 돌봐주는 호스피스 병원의 한 의사 선생님은 많은 사람들의 죽음을 지켜보면서 죽음은 마치 "진공청소기 앞에 있는 먼지 같다."라고 말합니다. 왜냐하면 도저히 거부할 수 없는데도 빨려 들어가지 않으려고 안간힘을 쓰는 모습이 비슷하기 때문이랍니다.

죽음을 향하여 강력하게 인간의 생명을 끌어들이는 그 엄청난 힘 앞에 두려움을 느낀다고 합니다. 또한 죽음의 고통도 아기를 낳는 아픔보다 더 상상할 수 없는 괴로움을 동반한다고 합니다. 그래서 몰핀(진통제)을 조금씩 늘려가며 고통을 감소시켜 준다고 합니다. 죽음은 이렇게 무서운 것입니다.

젊은 청소년들은 죽음이라는 말을 아주 낯설게 느낍니다. 아직은 죽음이 저 멀리 있는 것처럼 피부에 와 닿지 않습니다. 그러나 교통사고 1위, 자살률 1위, 각종 암, 질병, 사고로 인한 사망률도 높은 나라에서 청소년이라고 해서 결코 죽음이 저 멀리 있는 것이 아닙니다. 가끔 조류 인플루앤자, 구제역과 같은 바이러스 감염으로 큰 위기를 겪기도 했고, 신종플루감염으로 우리 주변의 많은 이들이 고통 받고 죽었습니다. 이처럼 죽음은 항상 가까이 있음을 깨달아야 합니다.

성경에서는 죽음이 인간이 늙고 병들면 찾아오는 자연스러운 것이 아니라 "저희가 마음에 하나님 두기를 싫어하매…… 저희가 이 같은 일을 행하는 자는 사형에 해당하다고 하나님의 정하심을 알고도(롬 1:28, 32)"라고 말하듯이 하나님을 거부한 인간의 죄에 대한 무서운 심판이요 형벌이라고 가르칩니다. 그리고 이 죽음은 죽는 것으로 끝나는 것이 아니라 하나님을 믿지 않는 것에 대한 지옥의 심판이 준비되어 있음을 히브리서 9장 27절에서 "한 번 죽는 것은 사람에게 정하신 것이요 그 후에는 심판이 있으리니"라고 경고합니다.

많은 종교에서 죽음 이후에 대해서 여러 가지 이야기들을 말하지만 기독교처럼 분명하게 말하지는 않습니다. 아예 죽음에 대해서는 잘 모르겠다고 회피하는 종교도 많습니다. 우리나라 문화에서는 죽은 귀신이 구천을 떠돌면서 자신의 소원을 이룬다고 생각합니다. 여름철만 되면 온갖 귀신 이야기들이 나옵니다. 하지만 성경은 인간이 죽으면 죽는 즉시 천국(낙원)과 지옥(음부)으로 간다고 가르칩니다. 그리고 죽은 이후에는 두 번의 기회가 찾아오지 않는다고 경고합니다. 이제 성경에서 가르치는 종말에 대해서 좀 더 자세히 알아봅시다.

Q2 최후심판의 날은 언제인가요?

사이비 이단인 다미선교회는 1992년 10월 28일 밤 12시에 예수님이 오신다고 전국에 발표를 하며 사람들을 놀라게 했습니다. 하지만 그 날에 아무 일도 일어나지 않았습니다. 이처럼 날짜를 정해서 "예수님이 오신다, 최후심판 날이다."라고 말하는 자들은 극단적인 시한부 종말론자들입니다. 그러면 최후심판의 날은 언제인가요? 많은 사람들은 이 날을 묻습니다.

하지만 성경은 "그 날과 그 때는 아무도 모르나니 하늘의 천사들도, 아들도 모르고 오직 아버지만 아시느니라."(마 24:36)라고 언급하듯이 정확한 시간을 제시하지 않습니다. 정확한 시간을 가르쳐 줬다면 이 세상은 가짜 신앙의 모습을 가진 위선자들과 무서운 혼란과 무질서가 넘쳐날 것입니다. 왜냐하면 하나님을 사랑하지 않으면서 단지 심판이 무서워서 하나님께 나오는 자들이 넘칠 것이며, 또한 아무 일도 하지 않고, 노력도 하지 않고 그냥 심판 날만 기다리는 혼돈이 가득 찰 것이기 때문입니다.

예를 들면 우리가 만약 언제 죽을지 알고 있다면 행복할까요? 죽을 시간을 알고 있다면 매우 불안할 것입니다. 그 시간을 향해서 하루하루 다가서고 있다는 공포는 우리의 삶 전체를 파괴할 것입니다. 마찬가지로 종말의 날짜를 하나님이 가르쳐 주시지 않은 이유도 마지막까지 최선을 다해서 소망을 가지고 살 수 있도록 배려해 주신 것입니다. 마태복음 24장 44절에서 "이러므로 너희도 예비하고 있으라 생각지 않은 때에 인자가 오리라."라고 지적해 준 것처럼 예수님께서 우리가 생각지 못한 때에 오실 수 있다는 마음을 가지고 신앙생활 열심히 하면 됩니다.

비록 성경이 종말의 날짜를 구체적으로 언급하지는 않지만 요한계시록 20장 10-15절에서처럼 최후 심판이 반드시 온다고 경고합니다.

"저희를 미혹하는 마귀가 불과 유황 못에 던지우리니 거기는 그 짐승과 거짓 선지자도 있어 세세토록 밤낮 괴로움을 받으리라. 내가 크고 흰 보좌와 그 위에 앉으신 자를 보니 땅과 하늘이 그 앞에서 피하여 간데 없더라. 또 내가 보니 죽은 자들이 무론대소하고 그 보좌 앞에 섰는데 책들이 펴 있고 또 다른 책이 펴졌으니 곧 생명책이라 죽은 자들이 자기 행위를 따라 책들에 기록된 대로 심판을 받으니, 바닷가 그 가운데서 죽은 자들을 내어주고 또 사망과 음부도 그 가운데서 죽은 자들을 내어주매 각 사람이 자기의 행위대로 심판을 받고, 사망과 음부도 불못(지옥)에 던지우니 이것은 둘째 사망 곧 불못(지옥)이라. 누구든지 생명책에 기록되지 못한 자는 불못(지옥)에 던지우더라."

요한계시록에서 가르치는 최후 심판의 모습은 아주 무섭고 두려운 것임을 알 수 있습니다. 예수님을 무시하고, 하나님이 없다고 했던 많은 사람들은 구원받은 자들의 신분을 확인하는 생명책에 기록되지 않았기 때문에 모두 지옥의 형벌을 받습니다. 또한 사람들을 예수님 믿지 못하게 하고 교회 가지 못하게 방해했던 사단과 악한 영들과 거짓 목사들도 모두 붙잡혀서 영원한 지옥에 던져진다고 경고합니다.

그러나 예수님을 믿고 신앙생활 잘 했던 성도들은 이 심판 날이 무서운 날이 아니라 오히려 성도들이 예수님의 환영을 받고, 천국의 축복을 받는 잔치 날입니다. 예수님이 오실 때 성도들은 육체의 부활을 통하여 영혼과 몸이 완전한 생명을 얻는다고 합니다. 자, 이쯤에서 부활에 대해서도 더 설명해 보겠습니다.

Q3 사람이 정말 죽은 후에 다시 살아 날 수 있나요?

많은 사람들은 사람이 죽으면 그것이 끝이라고 생각합니다. 먼지처럼, 바람처럼, 연기처럼 싹 사라진다고 합니다. 어떤 사람들은 영원히 잠자는 것처럼 된다고 합니다. 또한 불교에서는 '전생' 이야기를 하면서 사람이 죽으면 사람이나 동물이나 나무나 풀 등 온갖 것으로 다시 태어난다고 합니다. 하지만 사람이 아닌 다른 것으로 태어나면 내가 누구였는지도 모르고, 내가 알던 모든 것들도 사라지고 말 것입니다. 이런 식으로 말하면 이제 여러분은 더 이상 아무 곳에도 존재하지 않고 영원히 사라져 없어집니다.

내가 영원히 기억되지 않고 사라져서 완전히 없어진다면 여러분은 어떤 마음이 드나요? 행복할까요? 아쉬울까요? 두려울까요? 그러나 성경은 "죽은 자의 부활도 이와 같으니 썩을 것으로 심고 썩지 아니할 것으로 다시 살며, 욕된 것으로 심고 영광스러운 것으로 다시 살며 약한 것으로 심고 강한 것으로 다시 살며(고전 15:42)"라고 말합니다.

사람이 죽은 후 완전히 사라져 없어지는 것이 아니라 다시 살아나서 예수님 믿는 사람은 천국에, 믿지 않던 사람들은 지옥의 형벌을 받는다고 합니다. 믿는 자나 믿지 않는 자 모두 몸과 영혼이 부활하여 다시 산다고 말합니다. 하지만 믿는 자는 천국의 축복된 삶을 영원히 살지만, 믿지 않는 사람들은 다시 태어난 몸과 영혼이 지옥의 무서운 심판과 형벌을 영원히 받으며 고통을 당할 것이라고 경고합니다.

그러면 성도의 부활의 몸과 영혼은 어떤 모습일까요? 고린도전서 15장 44절은 "육의 몸으로 심고 신령한 몸으로 다시 사나니 육의 몸이 있은즉 또 신령한 몸이 있느니라."고 가르쳐 줍니다. 조금 어려운 내용이죠? 이해를 돕기 위해서 쉽게 설명해 보겠습니다.

'신령한 몸'이란 두 가지 의미를 담고 있습니다. 첫째는 지금 우리가 갖고 있는 그대로의 몸과 영혼을 다시 받게 된다는 것입니다. 사람이 부활하면 짐승이나, 나무나 풀로 변하는 것이 아니라 사람의 모습을 그대로 다시 얻습니다.

둘째는 지금과 다른 새로운 몸을 갖게 된다는 의미를 갖습니다. 지금처럼 배고픔과 질병과 여러 가지 연약함을 가진 육체가 아니라 이 모든 것들로부터 해방되는 그런 신비한 몸을 갖게 된다고 말합니다. 아프지도 않고 배고프지도 않고 스트레스 받지도 않는 신비롭고 건강한 몸, 완전함 몸, 영적으로 충만한 몸, 신령한 몸이라고 하는 것입니다.

이 부활의 마지막 순간을 고린도전서 15장 51-54절은 이렇게 설명해 줍니다. "보라 내가 너희에게 비밀을 말하노니 우리가 다 잠잘 것이 아니요 마지막 나팔에 순식간에 홀연히 다 변화하리니, 나팔 소리가 나매 죽은 자들이 썩지 아니할 것으로 다시 살고 우리도 변화하리라. 이 썩을 것이 불가불 썩지 아니할 것을 입겠고 이 죽을 것이 죽지 아니함을 입으리로다. 이 썩을 것이 썩지 아니함을 입고 이 죽을 것이 죽지 아니함을 입을 때에는 사망이 이김의 삼킨바 되리라고 기록된 말씀이 응하리라."

예수님이 다시 오실 때(재림) 우리 모두는 영광스러운 부활의 몸을 순식간에 얻게 될 것이며, 믿지 않는 악인들은 지옥을 고통을 몸으로 더 심각하게 맛보기 위해서 부활의 몸을 얻게 될 것입니다. 이런 천국과 지옥의 심판이 최후심판 때 일어날 것입니다. 사단과 악한 영들은 모두 붙잡혀 지옥 불에 던져질 것입니다. 이것이 최후 심판의 모습입니다. 마지막으로 천국과 지옥에 대해서 알려드리겠습니다.

Q4 천국과 지옥은 어떤 모습인가요?

최후 심판이 두려운 이유는 영원히 형벌 받아야 하는 지옥이 있기 때문입니다. 지옥은 어떻게 생겼을까요? 영화에서 보는 것처럼 어둡고 온통 불바다이며 무서운 괴물이 넘치는 모습일까요? 천국은 어떤 모습일까요?

얼마 전 TV에서 지옥에 갔다 왔다고 하면서 많은 사람들을 놀라게 한 교인이 있었습니다. 그는 실제로 지옥에 가서 자살한 유명 배우들을 보았다고 합니다. 그 유명 배우 중 한 사람이 자신에게 울부짖으며 세상에 가거든 자신처럼 지옥에 오지 말 것을 사람들에게 전해 주라고 하였다는 것입니다. 그는 정말 지옥에 갔다 온 것처럼 자신이 보았던 지옥의 모습을 여러 가지로 설명하여 사람들을 두렵게 했습니다.

하지만 예전에도 이렇게 자신이 환상 중에 천국과 지옥에 갔다 왔다고 하면서 사람들을 놀라게 한 많은 사람들이 있었습니다. 대표적으로 1990년 전후로 퍼시 콜레와 이장림(다미선교회) 등이 유명합니다. 이들은 자신이 직접 천국과 지옥을 체험했다고 말했지만 그들이 본 천국과 지옥은 서로 달랐고 나중에는 모두 거짓말로 드러났습니다. 지금도 사이비 이단들은 천국과 지옥 경험을 사람들에게 전하면서 공포스러운 분위기를 만들어 냅니다. 이런 사람들 때문에 많은 사람들은 천국과 지옥에 대해서 점점 관심을 잃어가고 있습니다. 따라서 올바른 천국과 지옥에 대한 가르침이 정말 필요한 때입니다.

먼저 성경은 천국에 대해서 요한계시록 21장 11-12절에서 이렇게 말합니다. "하나님의 영광이 있으매 그 성의 빛이 지극히 귀한 보석 같고 벽옥과 수정같이 맑더라. 크고 높은 성곽이 있고 열 두 문이 있는데 문에 열 두 천사가 있고 그 문들 위에 이름을 썼으니 이스라엘 자손 열 두 지파의 이름들이라." 비록 요한계시록이 상징적이고 비유적인 표현을 사용하고 있을지라도 천국의 실제적인 영광스러움과 화려함은 어느 정도 이해할 수 있습니다.

천국은 하나님의 은혜로 현재의 우주가 성도들이 살아가기에 가장 좋은 환경으로 완전히 변화된 형태라고 말합니다. "내가 새 하늘과 새 땅을 보니 처음 하늘과 처음 땅이 없어졌고 바다도 다시 있지 않더라. 또 내가 보매 거룩한 성 새 예루살렘이 하나님께로부터 하늘에서 내려오니 그 예비한 것이 신부가 남편을 위하여 단장한 것 같더라."(계 21:1)라는 말씀처럼 강, 산, 바다, 물, 나무, 흙 모든 것이 변화되어서 성도들이 가장 행복한 삶을 누릴 수 있는 장소가 될 것이라고 소개합니다.

다음으로 지옥은 아주 무섭고 두려운 곳이라고 성경은 말합니다. 비록 성경에서는 지옥의 구체적인 모습을 소개하지는 않지만 대략적인 형태는 알 수 있습니다. 예를 들면 마가복음 9장 47-48절에서 "만일 네 눈이 너를 범죄케 하거든 빼어버리라 한 눈으로 하나님의 나라에 들어가는 것이 두 눈을 가지고 지옥에 던지우는 것보다 나으니라. 거기는 구더기도 죽지 않고 불도 꺼지지 아니 하느니라."라고 말합니다.

지옥은 영원히 꺼지지 않는 불과 괴물들이 득실거리며 사람들을 헤치는 곳이라고 설명합니다. 또한 누가복음 16장 22-24절에서는 "그 거지가 죽어 천사들에게 받들려 아브라함의 품(천국)에 들어가고 부자도 죽어 장사되매, 저가 음부(지옥)에서 고통 중에 눈을 들어 멀리 아브라함과 그의 품에 있는 나사로를 보고, 불러 가로되 아버지 아브라함이여 나를 긍휼히 여기사 나사로를 보내어 그 손가락 끝에 물을 찍어 내 혀를 서늘하게 하소서 내가 이 불꽃 가운데서 고민하나이다."라고 말합니다. 지옥은 굶주림과 목마름과 병듦의 고통이 어마어마한 곳이라고 말합니다. 지옥에 대해서 자세히 설명하는 데는 한계가 있습니다.

왜냐하면 우리 중 그 누구도 지옥을 경험해 보지 못했기 때문입니다. 그래서 성경에서는 무서운 전쟁 모습이나 전염병으로 사람이 죽어나가는 끔찍한 장면이 마치 지옥 같다고 설명합니다. 그러나 실제로 지옥은 그보다 더 무서운 곳이라고 성경은 경고합니다. 불신자는 몸과 영혼의 부활을 얻어 이 지옥 속에서 영원히 탈출하지 못하고 고통 받을 것입니다. 몸이 있기 때문에 배고픔, 목마름, 질병, 뜨거움, 추움, 따가움 등등의 육체가 느낄 수 있는 모든 고통을 받게 될 것입니다.

하지만 우리 성도들은 "예수께서 가라사대 나는 부활이요 생명이니 나를 믿는 자는 죽어도 살겠고, 무릇 살아서 나를 믿는 자는 영원히 죽지 아니하리니 이것을 네가 믿느냐."(요 11:25-26)라는 예수님의 위로가 있습니다. 예수님을 믿는 사람은 죽지 않고 영원히 천국에서 사는 행복한 삶이 준비되어 있습니다.

이 책을 읽는 모든 분들은 "하나님은 모든 행위와 모든 은밀한 일을 선악간에 심판하시리라."(전 12:14)는 말씀을 꼭 기억하시기 바랍니다. 영원한 지옥의 형벌을 받는 최후심판이 다가오기 전에 속히 예수님을 믿어야 합니다. 예수님을 믿고 천국에서 모두 함께 만납시다.

종말론 요약표

주제		내 용
개인적 종말	죽음	모든 사람은 죽게 됨. 죄에 대한 형벌로써 죽음을 맞이함. 성도의 죽음은 하나님께로 가는 축복된 죽음. 죽음 이후 즉시 천국과 지옥으로 나눠짐.
	죽은 후 모습	죽은 후 육체는 무덤에 묻히고, 영혼은 사라지지 않고 천국과 지옥에 거함. 영혼은 현재처럼 의식을 가지고 있음. 최후 심판을 기다리는 중간적 상태.
우주적 종말	예수님의 육체 재림	신성과 인성을 가진 예수님이 천사들과 함께 육체로 이 땅에 다시 오셔서 세상을 심판. 재림과 심판은 동시에 일어남.
	성도들의 육체 부활	성도들은 몸의 부활을 통해 천국의 축복을 받고, 불신자는 부활하여 지옥의 형벌을 받음. 최후심판 때까지 살아 있는 성도는 예수님 재림 시에 죽지 않고 즉시 몸이 변화되어 새로운 몸을 받음.
	최후 심판	예수님께서 최후심판의 재판관이 되심. 믿는 자와 불신자를 영원히 천국과 지옥으로 나누심. 성도들의 봉사와 헌신에 대한 축복을 받음.
	천국과 지옥	천국은 새 하늘과 새 땅으로 변화된 곳으로 성도들이 부활의 몸으로 행복하게 살 수 있는 곳. 지옥은 영원히 죽지 못하면서 배고픔과 굶주림과 질병과 아픔과 괴로움이 가득한 곳. 사단과 악한 영들이 영원히 형벌을 받는 곳.

부록

교회용어설명

계시 : 하나님이 누구신지를 우리에게 가르쳐 주는 것. 예수님과 성경을 통해서 계시하심.

성경의 영감 : 성경은 성령의 인도하심 속에서 기록되었다는 것.

특별계시 : 하나님께서 성경을 통해서 자신들을 드러내시는 것.

일반계시 : 하나님께서 자연만물과 인류의 역사를 통해서 자신을 드러내시는 것.

삼위일체 : 성부, 성자, 성령 하나님을 삼위(세 분)라고 하며, 이 세 분은 동시에 한 분 하나님이심.

성자 : 예수님의 다른 이름, 하나님의 아들, 독생자라는 의미.

성령 : 성부 하나님, 성자 하나님, 성령 하나님 가운데서 세 번째 분을 성령이라고 함.

보혜사 : 예수님과 성령님의 다른 이름. 보호자, 위로자, 돕는자.

여호와 : 하나님의 다른 이름으로 스스로 있는 하나님이라는 뜻.

신적작정 : 하나님이 창조 전에 모든 것을 계획하시고 뜻하시는 하나님의 자유로운 결정.

예정 : 하나님께서 구원받을 사람을 미리 선택해 놓으셨다는 것.

유기(버림) : 하나님께서 지옥에 갈 사람을 미리 정해 놓으셨다는 것.

섭리 : 자연만물과 인간의 모든 생활과 역사를 하나님이 통치하고 다스리신다는 것.

회개 : 하나님을 믿지 않는 죄와 생활에서 하나님의 뜻을 거역한 죄를 뉘우치며 고백하는 것.

언약 : 하나님의 자녀로 만들어 주겠다는 하나님이 약속.

전적부패 : 아담과 하와의 타락으로 인해 인간은 구원과 생활에 있어서 하나님께 나아가지 못할 정도로 완전히 타락했다는 것.

원죄 : 아담과 하와의 타락으로 하나님을 거부하는 인간의 본성적인 죄악.

자범죄(생활죄) : 생활 속에서 하나님의 뜻을 범하는 여러 가지 죄악들.

중보자 : 예수님의 다른 이름. 하나님께로 우리를 인도하시는 분.

그리스도 : 구원을 성취하기 위해서 기름부음(권위)를 받으신 분.

메시야 : 구세주를 가리키는 말.

구속 : 우리를 죄에서 구원하심.

대속 : 예수님이 우리 죄를 대신 지고 십자가에 죽으심.

소명 : 하나님께서 우리를 구원으로 초대하심.

중생 : 성령의 도우심으로 우리의 영혼이 하나님을 사랑하도록 새롭게 변화되는 것.

회개 : 불신앙의 잘못을 뉘우치고 하나님께로 돌아서는 것.

믿음 : 하나님을 사랑하고 예수님을 신뢰하며 의지하는 마음.

칭의 : 하나님께서 우리의 죄를 제거하시고 의로운 자로 여겨 주시는 것.

양자 : 예수님의 은혜로 우리를 하나님의 자녀로 삼아 주심.

성화 : 날마다 마음과 생활 태도가 인격적으로 성숙해 가는 것.

견인 : 하나님께서 영원히 우리가 쓰러지지 않도록 붙들어 주심.

장로정치 : 목사와 장로인 교회 지도자들이 다스리는 교회정치.

목사 : 성경을 가르치고, 성례를 행하는 교회의 종교 지도자.

장로 : 교회의 평신도 대표로서 목사와 함께 교회를 다스리는 지도자.

집사 : 교회의 운영과 구제의 일을 돕는 평신도들.

노회 : 여러 교회의 목사와 장로로 구성된 교회 지도자 회의.

총회 : 노회보다 더 큰 회의로서 한 교단의 여러 목사와 장로들의 회의.

성례 : 교회의 중요한 의식으로서 세례와 성찬을 말한다.

세례 : 예수님의 피로 죄씻음 받았다는 표시, 물을 사용한다.

성찬 : 예수님의 피와 살을 통해서 예수님과 하나되어 날마다 영적으로 충만함을 얻는 표시.

재림 : 예수님이 심판하시기 위해서 다시 오심.

음부 : 지옥의 다른 말.

축도 : 하나님의 복을 비는 것. 목사님이 축도하심.

아멘 : 진실로 이루어질 줄 믿습니다.

샬롬 : 평안하십시오. 기독교 인사.

할렐루야 : 여호와를 찬양하라.

호산나 : 우리를 구원하소서.

종교개혁 : 1517년 루터를 통해서 로마 카톨릭 교회로부터 교회를 개혁한 운동.

개혁교회 : 성경을 통해서 항상 개혁하고자 하는 교회.

칼뱅주의 : 종교개혁자인 존 칼뱅의 기독교 강요를 통해서 확립해 준 교리들을 따르는 신앙.

소요리문답 : 107개의 문답으로 된 기독교 교리 요약서.